AF282194

Philosophie der Vernunft für Ausserirdische

von Frank Kralemann

Buchbeschreibung:

Vorstellung des Konzepts der menschlichen Vernunft

Die menschliche Vernunft ist ein komplexes Phänomen, das sich nicht leicht in eine einzelne Definition pressen lässt. In ihrer einfachsten Form kann sie als die Fähigkeit beschrieben werden, logisch zu denken, Schlussfolgerungen zu ziehen und Entscheidungen auf der Grundlage von Beweisen und Überlegungen zu treffen, anstatt ausschließlich aus Instinkt oder Emotion zu handeln. Doch diese Definition erfasst nicht die volle Tiefe und Komplexität dessen, was wir unter Vernunft verstehen.

Vernunft ist mehr als nur ein Werkzeug – sie ist eine entwickelte Fähigkeit, die es uns ermöglicht, unsere Umgebung zu verstehen, zu manipulieren und vorherzusagen. Sie ist das kognitive Fundament, auf dem wir unsere Zivilisation errichtet haben, unsere Wissenschaften entwickelt haben und durch das wir versuchen, Antworten auf die grundlegendsten Fragen unserer Existenz zu finden.

Über den Autor:

Frank Kralemann beschäftigt sich mit vielen Themen. Er schreibt Bücher über Themen die ihn selbst beschäftigen. Das erste Buch hat er 2007 geschrieben. Frank Kralemann ist schon im Rentenalter, arbeitet aber noch weiter. Wenn er Zeit hat läuft er gern . Er liebt Kultur in jeder Form. Frank Kralemann ist Vater und Großvater.

Philosophie der Vernunft für Ausserirdische

von Frank Kralemann

Verlag: BoD · Books on Demand GmbH,
Überseering 33, 22297 Hamburg,
bod@bod.de
Druck: Libri Plureos GmbH,
Friedensallee 273, 22763 Hamburg

1. Auflage, 2025

© 2025 Frank Kralemann

Alle Rechte vorbehalten.

Verlag: BoD · Books on Demand GmbH,

Überseering 33, 22297 Hamburg,

bod@bod.de

Druck: Libri Plureos GmbH,

Friedensallee 273, 22763 Hamburg

ISBN: 978-3-7693-5342-6

Inhaltsverzeichnis

Philosophie der Vernunft für Ausserirdische

Ein Kompendium der menschlichen Rationalität für außerirdische Intelligenzen

Einleitung

Verehrte außerirdische Intelligenz,

Was Sie in Ihren Händen (oder anderen Wahrnehmungsorganen) halten, ist ein Versuch, eine der fundamentalsten Eigenschaften zu erklären, die unsere Spezies – den Homo sapiens – definiert: unsere Fähigkeit zur Vernunft. Die Tatsache, dass Sie dieses Werk lesen können, deutet darauf hin, dass unsere Zivilisationen trotz möglicherweise völlig unterschiedlicher evolutionärer Pfade zumindest ein grundlegendes Merkmal teilen: die Fähigkeit, Information zu verarbeiten, Muster zu erkennen und kausale Zusammenhänge zu verstehen.

Vorstellung des Konzepts der menschlichen Vernunft

Die menschliche Vernunft ist ein komplexes Phänomen, das sich nicht leicht in eine einzelne Definition pressen lässt. In ihrer einfachsten Form kann sie als die Fähigkeit beschrieben werden, logisch zu denken,

Schlussfolgerungen zu ziehen und Entscheidungen auf der Grundlage von Beweisen und Überlegungen zu treffen, anstatt ausschließlich aus Instinkt oder Emotion zu handeln. Doch diese Definition erfasst nicht die volle Tiefe und Komplexität dessen, was wir unter Vernunft verstehen.

Vernunft ist mehr als nur ein Werkzeug – sie ist eine entwickelte Fähigkeit, die es uns ermöglicht, unsere Umgebung zu verstehen, zu manipulieren und vorherzusagen. Sie ist das kognitive Fundament, auf dem wir unsere Zivilisation errichtet haben, unsere Wissenschaften entwickelt haben und durch das wir versuchen, Antworten auf die grundlegendsten Fragen unserer Existenz zu finden.

Die Bedeutung rationalen Denkens für die menschliche Zivilisation

Die Geschichte der menschlichen Zivilisation ist untrennbar mit der Geschichte der Entwicklung unseres rationalen Denkens verbunden. Von den ersten Werkzeugen, die vor etwa 2,6 Millionen Jahren hergestellt wurden, bis hin zu den komplexen Technologien, die es uns ermöglicht haben, unseren Planeten zu verlassen und nach anderen intelligenten Lebensformen im Kosmos zu suchen – all dies wurde durch rationales Denken ermöglicht.

Rationales Denken hat uns erlaubt, von der reinen Reaktion auf unmittelbare Umweltgegebenheiten zur Planung, Vorhersage und aktiven Gestaltung unserer

Umwelt überzugehen. Es hat uns befähigt, die Naturgesetze zu entdecken und zu verstehen, Technologien zu entwickeln, die unsere biologischen Grenzen überwinden, und soziale Strukturen zu schaffen, die Kooperation und Fortschritt fördern.

Die größten Errungenschaften unserer Spezies – von der Landwirtschaft über die Schrift, die Mathematik, die Medizin, bis hin zur Demokratie und den Wissenschaften – sind Produkte rationalen Denkens. Selbst unsere Fähigkeit, uns selbst zu reflektieren und kritisch zu hinterfragen, entspringt unserer Vernunft.

Zielsetzung des Buches: Ein Kompendium der menschlichen Rationalität für außerirdische Intelligenzen

Dieses Buch verfolgt ein ambitioniertes Ziel: Es soll als Brücke zwischen unseren möglicherweise sehr unterschiedlichen kognitiven Systemen dienen. Wir gehen davon aus, dass jede Spezies, die ein Niveau technologischer Entwicklung erreicht hat, das interstellare Kommunikation oder Reisen ermöglicht, eine Form von Rationalität entwickelt haben muss. Doch die spezifische Ausprägung dieser Rationalität könnte sich erheblich von der unseren unterscheiden.

Unser Ziel ist es daher, Ihnen einen umfassenden Überblick über das menschliche rationale Denken zu geben – seine Grundlagen, seine Anwendungen, seine Grenzen und seine Zukunftsperspektiven. Wir hoffen, dass dieses Verständnis als Grundlage für einen fruchtbaren Dialog zwischen unseren Zivilisationen dienen kann, unabhängig davon, wie unterschiedlich unsere biologischen, kulturellen oder technologischen Hintergründe sein mögen.

Methodischer Aufbau und Lesehinweise

Dieses Werk ist in vier Hauptteile gegliedert, die jeweils aufeinander aufbauen, aber auch unabhängig voneinander gelesen werden können:

1. **Grundlagen der Vernunft**: Hier erläutern wir die biologischen und evolutionären Ursprünge des menschlichen Denkens, die fundamentalen Prinzipien der Logik und die erkenntnistheoretischen Grundlagen unseres Wissens.

2. **Vernunft in Aktion**: In diesem Teil betrachten wir, wie rationales Denken in verschiedenen Kontexten angewandt wird – von individuellen Entscheidungen über wissenschaftliche Untersuchungen bis hin zur Erkennung und Überwindung kognitiver Verzerrungen.

3. **Komplexe Anwendungen**: Hier untersuchen wir die Rolle der Vernunft in komplexeren Domänen wie Ethik, Kommunikation und kreativer Innovation.

4. **Grenzen und Erweiterungen**: Im letzten Teil erforschen wir die Grenzen der menschlichen Vernunft, ihr Verhältnis zu Emotionen und alternativen Formen der Rationalität, einschließlich künstlicher und möglicherweise außerirdischer Intelligenzen.

Für Leser, die mit bestimmten menschlichen Konzepten nicht vertraut sind, haben wir einen umfangreichen

Anhang mit Definitionen, historischen Kontexten und weiterführenden Erklärungen beigefügt.

Wir bitten Sie, während der Lektüre zu bedenken, dass dieses Werk von Menschen für Nicht-Menschen geschrieben wurde. Trotz unserer besten Bemühungen mögen einige Konzepte unzureichend erklärt oder aus Ihrer Perspektive missverstanden sein. Solche Unzulänglichkeiten sollten als Einladung zum Dialog verstanden werden – als Ausgangspunkte für einen tieferen Austausch zwischen unseren Zivilisationen über die Natur der Vernunft selbst.

Mit dieser Einleitung begeben wir uns nun auf eine intellektuelle Reise durch die Landschaft der menschlichen Rationalität – ein Terrain, das sowohl vertraut als auch fremd erscheinen mag, aber hoffentlich faszinierende Einblicke in die Art und Weise bietet, wie unsere Spezies die Welt versteht und mit ihr interagiert.

Teil I: Grundlagen der Vernunft

Kapitel 1: Die Evolution des rationalen Denkens

Biologische Grundlagen der Vernunft

Die menschliche Vernunft ist nicht aus dem Nichts entstanden. Sie ist das Ergebnis eines langen evolutionären Prozesses, der über Millionen von Jahren stattgefunden hat. Um die Natur unserer Rationalität zu verstehen, müssen wir zunächst ihre biologischen Grundlagen betrachten.

Das menschliche Gehirn, das Organ, das unser Denken ermöglicht, ist ein bemerkenswertes biologisches System. Mit etwa 86 Milliarden Neuronen und ungefähr 100 Billionen synaptischen Verbindungen ist es eines der komplexesten Organe, das je auf unserem Planeten entstanden ist. Diese neuronale Architektur bildet die hardware-seitige Grundlage für unsere kognitiven Fähigkeiten.

Besonders bemerkenswert ist der Neokortex, die äußere Schicht des Gehirns, die bei Menschen im Verhältnis zur Körpergröße außergewöhnlich entwickelt ist. Diese Region ist für höhere kognitive Funktionen wie abstraktes Denken, Zukunftsplanung und Sprachverarbeitung verantwortlich – allesamt wesentliche Komponenten der menschlichen Rationalität.

Aber warum hat die Evolution ein solch energieintensives Organ hervorgebracht? Das menschliche Gehirn verbraucht etwa 20% unserer gesamten Körperenergie, obwohl es nur etwa 2% unseres Körpergewichts ausmacht. Ein solcher Energieaufwand muss durch signifikante adaptive Vorteile gerechtfertigt sein.

Diese Vorteile finden sich in der komplexen und dynamischen sozialen und ökologischen Nische, die unsere Vorfahren besetzten. Als Primaten mit relativ schwacher physischer Ausstattung (im Vergleich zu Raubtieren oder großen Pflanzenfressern) waren wir auf unsere kognitive Flexibilität angewiesen, um zu überleben und uns fortzupflanzen. Die Fähigkeit, Probleme zu lösen, Werkzeuge zu entwickeln, in Gruppen zu kooperieren und sich an verschiedene Umgebungen anzupassen, bot einen entscheidenden Überlebensvorteil.

Entwicklung kognitiver Fähigkeiten in der Menschheitsgeschichte

Die kognitive Evolution des Menschen war kein linearer Prozess, sondern eher eine Reihe von Sprüngen und graduellen Veränderungen, geprägt von komplexen Wechselwirkungen zwischen biologischen, ökologischen und kulturellen Faktoren.

Die frühesten Hinweise auf rationales Denken bei Hominiden finden sich in der Herstellung und Verwendung von Steinwerkzeugen vor etwa 2,6 Millionen Jahren. Diese Oldowan-Werkzeuge, benannt nach der Olduvai-Schlucht in Tansania, wo sie erstmals entdeckt wurden, zeigen eine grundlegende Fähigkeit zum kausalen Verständnis und zur zielgerichteten Handlung.

Ein weiterer bedeutender Sprung erfolgte vor etwa 1,8 Millionen Jahren mit dem Aufkommen der Acheulean-Werkzeuge, insbesondere den symmetrischen Faustkeilen. Diese erforderten nicht nur ein tieferes Verständnis von Kausalität, sondern auch räumliches Vorstellungsvermögen und die Fähigkeit, mehrere

Operationen in Sequenz zu planen – alles grundlegende Aspekte rationalen Denkens.

Mit dem Erscheinen des Homo sapiens vor etwa 300.000 Jahren sehen wir Hinweise auf abstrakteres Denken, symbolische Repräsentation und komplexere soziale Strukturen. Die Verwendung von Ocker für rituelle oder symbolische Zwecke, die Herstellung von Schmuck und die Entstehung früher Kunstformen deuten auf ein Denken hin, das über das unmittelbar Praktische hinausgeht.

Die neolithische Revolution vor etwa 12.000 Jahren, mit dem Übergang zu Landwirtschaft und sesshaften Lebensformen, erforderte und förderte wiederum neue Formen rationalen Denkens: langfristige Planung, systematische Beobachtung von Naturphänomenen (wie Jahreszeiten und Wettermustern) und komplexere soziale Koordination.

Die Erfindung der Schrift vor etwa 5.000 Jahren markierte einen weiteren entscheidenden Schritt in der Entwicklung menschlicher Rationalität. Sie ermöglichte die Externalisierung des Denkens, die präzise Weitergabe von Ideen über Raum und Zeit hinweg und die Akkumulation von Wissen über Generationen – alles Faktoren, die zur Entstehung systematischen Denkens beitrugen.

Die letzten 2.500 Jahre haben die Entstehung formalisierter Systeme des rationalen Denkens gesehen, von der griechischen Philosophie und Logik über die wissenschaftliche Revolution bis hin zu modernen Formen algorithmischen und computergestützten Denkens. Jede dieser Entwicklungen hat die menschliche Rationalität erweitert und verfeinert.

Vernunft als Überlebensvorteil

Die evolutionäre Perspektive wirft die Frage auf: Warum hat sich rationales Denken überhaupt entwickelt? Die Antwort liegt in den erheblichen Überlebens- und Fortpflanzungsvorteilen, die es bietet.

In einer unvorhersehbaren und oft gefährlichen Umwelt ermöglichte die Fähigkeit, über unmittelbare Reize hinauszudenken, Konsequenzen vorherzusagen und Handlungen entsprechend anzupassen, unseren Vorfahren, Risiken zu minimieren und Ressourcen effizienter zu nutzen. Ein früher Mensch, der verstehen konnte, dass bestimmte Wolkenformationen Regen ankündigen, oder dass bestimmte Tierspuren auf die Nähe von Beute hindeuten, hatte einen klaren Vorteil gegenüber einem, der solche Verbindungen nicht herstellen konnte.

Die soziale Natur unserer Spezies verstärkte den Selektionsdruck für rationales Denken weiter. In komplexen sozialen Gruppen bietet die Fähigkeit, die Absichten und Überzeugungen anderer zu verstehen, Kooperationen zu koordinieren und soziale Normen zu entwickeln und zu befolgen, erhebliche Vorteile. Diese Form sozialer Kognition, oft als "Theory of Mind" bezeichnet, ist ein wesentlicher Bestandteil menschlicher Rationalität.

Technologische Innovation, ein weiteres Produkt rationalen Denkens, hat durchgehend unsere Anpassungsfähigkeit erhöht. Von einfachen Werkzeugen bis hin zu komplexen Maschinen hat technologischer Fortschritt es Menschen ermöglicht, ihre biologischen Grenzen zu überwinden und Nischen zu besetzen, die sonst unzugänglich wären.

Es ist jedoch wichtig zu verstehen, dass die menschliche Vernunft nicht perfekt ist. Als Produkt der Evolution ist sie kein ideales System, sondern eine Ansammlung von kognitiven Mechanismen, die unter bestimmten Umweltbedingungen adaptiv waren. Dies führt zu systematischen Verzerrungen und Grenzen, die wir in späteren Kapiteln genauer untersuchen werden.

Ein faszinierender Aspekt ist, dass die Vernunft, einmal entwickelt, ihre eigene Evolution vorantreiben kann. Durch Kultur, Bildung und bewusste Selbstverbesserung können rationale Fähigkeiten kultiviert und verfeinert werden, sowohl auf individueller als auch auf kollektiver Ebene. Diese kulturelle Evolution der Rationalität hat in den letzten Jahrtausenden enorm an Bedeutung gewonnen und führt uns zu immer komplexeren und subtileren Formen des Denkens.

In diesem Sinne ist die menschliche Vernunft nicht nur ein Produkt unserer biologischen Vergangenheit, sondern auch ein sich ständig weiterentwickelndes System, das durch das Zusammenspiel biologischer, psychologischer, sozialer und kultureller Faktoren geformt wird.

Kapitel 2: Logik als Fundament

Formale Logik und ihre Prinzipien

Formale Logik bildet das strukturelle Fundament menschlicher Rationalität. Sie ist die Wissenschaft der gültigen Schlussfolgerungen und etabliert die grundlegenden Regeln, nach denen wir von bestimmten Prämissen zu Schlussfolgerungen gelangen können, ohne dabei in Widersprüche zu geraten.

Die Anfänge der formalen Logik als systematische Disziplin werden oft Aristoteles (384-322 v. Chr.) zugeschrieben, obwohl logisches Denken in verschiedenen Formen in vielen Kulturen praktiziert wurde. Aristoteles' Organon legte den Grundstein für die sogenannte klassische Logik, indem es Begriffe wie Syllogismen, Kategorien und die grundlegenden Prinzipien des Denkens formalisierte.

Diese grundlegenden Prinzipien umfassen:

1. **Das Prinzip der Identität**: Eine Aussage ist mit sich selbst identisch. In formaler Notation: $A = A$.

2. **Das Prinzip des Widerspruchs**: Eine Aussage kann nicht gleichzeitig wahr und falsch sein. Formal: $\neg(A \land \neg A)$.

3. **Das Prinzip des ausgeschlossenen Dritten**: Eine Aussage ist entweder wahr oder falsch, es gibt keine dritte Möglichkeit. Formal: $A \lor \neg A$.

Diese Prinzipien mögen trivial erscheinen, bilden aber die Grundlage für konsistentes Denken. Jede Verletzung dieser Prinzipien führt zu Widersprüchen, die rationales Denken untergraben.

Die moderne formale Logik hat sich seit Aristoteles erheblich weiterentwickelt. Im 19. und 20. Jahrhundert führten Mathematiker und Philosophen wie George Boole, Gottlob Frege, Bertrand Russell und Kurt Gödel symbolische Notationen ein und erweiterten die Logik zu einem rigorosen mathematischen System.

Die Prädikatenlogik erster Stufe, ein fundamentales System der modernen Logik, ermöglicht nicht nur Aussagen über Individuen, sondern auch über Beziehungen zwischen ihnen. Sie bildet die Grundlage für viele formale Systeme, von Mathematik bis zu Computersprachen.

Es ist bemerkenswert, dass logische Grundprinzipien kulturübergreifend zu sein scheinen. Obwohl verschiedene Kulturen unterschiedliche Logiktraditionen entwickelt haben (z.B. die indische Nyaya-Tradition oder die chinesische Mohist-Logik), teilen sie grundlegende Prinzipien wie Konsistenz und Widerspruchsfreiheit. Dies deutet darauf hin, dass diese Prinzipien möglicherweise universelle Aspekte rationalen Denkens sind, die in der Struktur der Realität selbst oder in der Art und Weise, wie kognitive Systeme Information verarbeiten, verwurzelt sein könnten.

Deduktion, Induktion und Abduktion

Es gibt drei grundlegende Arten logischer Schlussfolgerungen, die das Rückgrat menschlichen rationalen Denkens bilden:

1. **Deduktion** ist der Prozess, bei dem man von allgemeinen Prinzipien zu spezifischen Schlussfolgerungen gelangt. Ein klassisches Beispiel ist:

   o Alle Menschen sind sterblich. (Allgemeine Prämisse)

   o Sokrates ist ein Mensch. (Spezifische Prämisse)

   o Daher ist Sokrates sterblich. (Schlussfolgerung)

   Deduktive Schlüsse bewahren die Wahrheit: Wenn die Prämissen wahr sind, muss die Schlussfolgerung wahr sein. Sie liefern jedoch keine neuen inhaltlichen Erkenntnisse, sondern explizieren nur, was implizit bereits in den Prämissen enthalten ist.

2. **Induktion** geht den umgekehrten Weg: von spezifischen Beobachtungen zu allgemeinen Grundsätzen. Beispiel:

   o Jeder bisher beobachtete Schwan war weiß.

o   Daher sind vermutlich alle Schwäne weiß.

Induktive Schlüsse erweitern unser Wissen über die beobachteten Fälle hinaus, sind aber nie absolut sicher. Eine einzige Gegenbeobachtung (wie die Entdeckung schwarzer Schwäne in Australien) kann die Schlussfolgerung widerlegen.

3. **Abduktion**, manchmal auch als "Schlussfolgerung auf die beste Erklärung" bezeichnet, sucht nach der plausibelsten Erklärung für eine Beobachtung. Beispiel:

    o   Die Straße ist nass.

    o   Wenn es geregnet hat, wäre die Straße nass.

    o   Daher hat es wahrscheinlich geregnet.

Abduktive Schlüsse sind weder deduktiv gültig noch induktiv zwingend, aber sie sind essenziell für wissenschaftliche Hypothesenbildung und alltägliche Erklärungen.

Diese drei Schlussformen spielen komplementäre Rollen im menschlichen Denken. Deduktion liefert Sicherheit innerhalb formaler Systeme, Induktion ermöglicht das Lernen aus Erfahrung, und Abduktion fördert kreative Erklärungen und Hypothesen.

Es ist wichtig zu betonen, dass Menschen in ihrem alltäglichen Denken selten diese Schlussarten in reiner Form anwenden. Meistens verwenden wir eine Mischung aus allen dreien, oft unbewusst und implizit. Die explizite Formalisierung dieser Schlussarten ist ein Produkt metakognitiver Reflexion über unsere Denkprozesse.

Syllogismen und logische Schlussfolgerungen

Syllogismen, von Aristoteles systematisiert, sind die klassische Form deduktiver Argumente. Ein Syllogismus besteht aus zwei Prämissen und einer Schlussfolgerung, wobei die Prämissen einen gemeinsamen Term (den "Mittelbegriff") enthalten, der in der Schlussfolgerung nicht mehr vorkommt.

Zur Veranschaulichung betrachten wir verschiedene Arten von Syllogismen:

1. **Kategorischer Syllogismus**:

    o   Alle Säugetiere sind Warmblüter.

    o   Alle Wale sind Säugetiere.

    o   Daher sind alle Wale Warmblüter.

2. **Hypothetischer Syllogismus**:

    o   Wenn es regnet, wird die Straße nass.

    o   Wenn die Straße nass ist, ist sie rutschig.

    o   Daher, wenn es regnet, ist die Straße rutschig.

3. **Disjunktiver Syllogismus**:

    o   Entweder ist die Sonne aufgegangen, oder es ist noch Nacht.

    o   Die Sonne ist nicht aufgegangen.

    o   Daher ist es noch Nacht.

Die Stärke des syllogistischen Denkens liegt in seiner Klarheit und Präzision. Durch die Formalisierung von Argumenten können wir ihre Gültigkeit unabhängig von ihrem spezifischen Inhalt beurteilen. Dies ist ein mächtiges Werkzeug, das es uns ermöglicht, komplexe Gedankenketten zu konstruieren und zu überprüfen.

Jedoch haben syllogistische und andere formale Schlussfolgerungen auch Grenzen. In der realen Welt sind wir oft mit unvollständigen oder unsicheren Informationen konfrontiert, die nicht leicht in die binäre Logik von "wahr" und "falsch" passen. Dies hat zur Entwicklung von Erweiterungen der klassischen Logik geführt, wie:

- **Mehrwertige Logik**, die mehr als zwei Wahrheitswerte zulässt

- **Fuzzy-Logik**, die graduelle Abstufungen von Wahrheit ermöglicht

- **Probabilistische Logik**, die mit Wahrscheinlichkeiten anstelle absoluter Wahrheitswerte arbeitet

- **Modale Logik**, die Konzepte wie Möglichkeit und Notwendigkeit formalisiert

Diese erweiterten logischen Systeme nähern sich besser der Komplexität realer Situationen an und spiegeln die Nuancen menschlichen Denkens wider.

Paradoxa und ihre Bedeutung

Paradoxa sind scheinbar widersprüchliche Aussagen, die trotz korrekter Argumentation zu absurden oder widersprüchlichen Schlussfolgerungen führen. Sie sind nicht bloße Kuriositäten, sondern haben tiefgreifende Auswirkungen auf unser Verständnis der Grenzen und Funktionsweise der Logik.

Einige bedeutende Paradoxa sind:

1. **Das Lügner-Paradoxon**: "Dieser Satz ist falsch." Wenn der Satz wahr ist, dann ist er falsch; wenn er falsch ist, dann ist er wahr. Dieses selbstreferentielle Paradoxon hat wichtige Implikationen für formale Systeme und führte zu Gödels Unvollständigkeitssätzen.

2. **Zenons Paradoxa der Bewegung**: Zenon von Elea argumentierte, dass Bewegung unmöglich sei, da man, um eine Strecke zurückzulegen, zunächst die Hälfte der Strecke zurücklegen müsse, dann die Hälfte der verbliebenen Strecke, und so weiter ad infinitum – was eine unendliche Anzahl von Schritten erfordern würde. Diese Paradoxa führten schließlich zur Entwicklung mathematischer Konzepte wie Grenzwerte und Infinitesimalrechnung.

3. **Das Schiff des Theseus**: Wenn man nach und nach alle Teile eines Schiffes ersetzt, ist es dann noch dasselbe Schiff? Dieses Paradoxon berührt fundamentale Fragen der Identität und Kontinuität über Zeit.

4. **Russells Paradoxon**: Betrachte die Menge aller Mengen, die sich nicht selbst als Element enthalten. Enthält diese Menge sich selbst? Wenn ja, dann enthält sie sich nicht; wenn nein, dann muss sie sich enthalten. Dieses Paradoxon zeigte fundamentale Probleme in der naiven

Mengenlehre und führte zu axiomatischen Reformen.

Paradoxa dienen mehreren wichtigen Funktionen im rationalen Denken:

- Sie decken Inkonsistenzen oder Unklarheiten in unseren begrifflichen Systemen auf

- Sie zwingen uns, unsere grundlegenden Annahmen zu überdenken

- Sie motivieren die Entwicklung sophistizierterer theoretischer Frameworks

- Sie demonstrieren die Grenzen bestimmter Denkweisen und formaler Systeme

Die Geschichte der Logik und Mathematik zeigt, dass Paradoxa oft als Katalysatoren für bedeutende intellektuelle Fortschritte gedient haben. Statt sie als bloße Denkspiele abzutun, behandeln wir sie als wertvolle Wegweiser, die auf tiefere Strukturen und Grenzen unseres rationalen Denkens hindeuten.

Paradoxa erinnern uns auch daran, dass Rationalität ein fortlaufendes Projekt ist, kein abgeschlossenes System. Jedes formale System ausreichender Komplexität ist, wie Gödel zeigte, entweder unvollständig oder inkonsistent. Diese tiefe Einsicht unterstreicht, dass die Suche nach rationaler Klarheit ein kontinuierlicher Prozess ist, nicht ein erreichbarer Endzustand.

Kapitel 3: Epistemologie der Vernunft

Erkenntnistheorie: Wie wissen wir, was wir wissen?

Die Epistemologie, oder Erkenntnistheorie, beschäftigt sich mit der fundamentalen Frage: Wie erlangen wir Wissen und wie können wir sicher sein, dass das, was wir zu wissen glauben, tatsächlich wahr ist? Diese Frage liegt im Herzen jeder rationalen Untersuchung, denn bevor wir die Welt verstehen können, müssen wir verstehen, wie wir sie verstehen.

Die menschliche Erkenntnistheorie hat eine reiche Geschichte. Verschiedene Traditionen haben unterschiedliche Antworten auf die Frage gegeben, was Wissen konstituiert und wie wir es erlangen. Eine klassische Definition, die auf Platon zurückgeht, beschreibt Wissen als "gerechtfertigte wahre Überzeugung". Nach dieser Definition muss etwas drei Bedingungen erfüllen, um als Wissen zu gelten:

1. Es muss eine Überzeugung sein – etwas, das ein erkennender Akteur für wahr hält.

2. Diese Überzeugung muss tatsächlich wahr sein – sie muss mit der Realität übereinstimmen.

3. Der Erkennende muss eine angemessene Rechtfertigung für diese Überzeugung haben – sie darf nicht zufällig oder willkürlich sein.

Diese Definition erscheint zunächst intuitiv überzeugend, wurde aber durch Edmund Gettiers berühmte Gegenbeispiele herausgefordert, die Situationen beschreiben, in denen jemand eine gerechtfertigte wahre Überzeugung hat, die dennoch nicht als Wissen zu qualifizieren scheint, weil ein Element des Glücks oder Zufalls involviert ist.

Menschliche Erkenntnisgewinnung erfolgt durch verschiedene Kanäle:

1. **Sinneserfahrung**: Wir nehmen die Welt durch unsere Sinne wahr und bilden auf dieser Grundlage Überzeugungen.

2. **Gedächtnis**: Wir speichern und rufen vergangene Erfahrungen ab.

3. **Zeugnis**: Wir akzeptieren Informationen von anderen, denen wir vertrauen.

4. **Vernunft**: Wir verwenden logisches Denken, um von bekannten Wahrheiten zu neuen Schlussfolgerungen zu gelangen.

5. **Intuition**: Manchmal "wissen" wir Dinge unmittelbar, ohne bewusste Überlegung.

Jede dieser Quellen hat ihre eigenen Stärken und Schwächen. Sinneserfahrung kann durch Illusionen oder Halluzinationen getäuscht werden, Gedächtnis ist notorisch unzuverlässig, Zeugnisse können absichtlich oder unabsichtlich irreführend sein, Vernunft kann durch logische Fehlschlüsse beeinträchtigt werden, und Intuition kann von unbewussten Vorurteilen beeinflusst sein.

Diese Herausforderungen haben zu verschiedenen epistemologischen Theorien geführt, die versuchen, die Natur des Wissens und seine Rechtfertigung zu erklären:

- **Fundamentalismus** behauptet, dass einige Überzeugungen grundlegend sind und keine weitere Rechtfertigung benötigen, während andere Überzeugungen auf diesen Grundüberzeugungen aufbauen.

- **Kohärentismus** argumentiert, dass Überzeugungen durch ihre Kohärenz mit anderen Überzeugungen gerechtfertigt sind.

- **Reliabilismus** besagt, dass Überzeugungen gerechtfertigt sind, wenn sie durch verlässliche kognitive Prozesse gebildet wurden.

- **Kontextualismus** schlägt vor, dass die Standards der Rechtfertigung je nach Kontext variieren.

Die menschliche Erkenntnistheorie hat auch das Problem des Skeptizismus konfrontiert – die Ansicht, dass sicheres Wissen unmöglich ist. Die radikalste Form des Skeptizismus, exemplifiziert durch Descartes' "Böser Dämon" oder moderne Varianten wie das "Gehirn im Tank"-Szenario, stellt in Frage, ob wir überhaupt wissen können, dass eine Außenwelt existiert.

Während vollständiger Skeptizismus selten akzeptiert wird, hat er zu einem gesunden epistemischen Fallibilismus geführt – der Einsicht, dass all unser Wissen vorläufig ist und für Revision offen bleiben sollte, falls neue Beweise auftauchen.

Empirismus und Rationalismus

In der Entwicklung der menschlichen Erkenntnistheorie haben sich zwei Haupttraditionen herausgebildet, die unterschiedliche Antworten auf die Frage geben, wie wir zu Wissen gelangen: Empirismus und Rationalismus.

Empirismus, vertreten von Denkern wie John Locke, George Berkeley und David Hume, behauptet, dass Wissen primär aus Sinneserfahrung stammt. Die grundlegende Metapher des Empirismus ist die tabula rasa oder "unbeschriebene Tafel" – die Vorstellung, dass der Geist bei der Geburt leer ist und allmählich mit Ideen gefüllt wird, die aus der Erfahrung abgeleitet sind.

Empiristen argumentieren, dass selbst scheinbar abstrakte Konzepte letztlich auf Sinneserfahrungen zurückzuführen sind. Ein berühmtes Beispiel ist Humes Analyse des Kausalitätsbegriffs: Er argumentierte, dass wir nie direkt "Kausalität" wahrnehmen, sondern nur regelmäßige Abfolgen von Ereignissen, die wir dann als kausal interpretieren.

Der Empirismus liegt der wissenschaftlichen Methode zugrunde, mit ihrer Betonung von Beobachtung, Experiment und empirischen Beweisen. Er betont die Bedeutung der Überprüfung von Theorien durch sorgfältige Beobachtung der Welt.

Rationalismus, vertreten von Philosophen wie René Descartes, Baruch Spinoza und Gottfried Wilhelm Leibniz, behauptet hingegen, dass bestimmte Arten von Wissen durch die Vernunft allein, unabhängig von der Erfahrung, erreicht werden können. Rationalisten argumentieren, dass es angeborene Ideen oder Prinzipien gibt, die dem Geist inhärent sind und nicht aus der Erfahrung abgeleitet werden müssen.

Das klassische Beispiel des Rationalismus ist die Mathematik. Mathematische Wahrheiten scheinen notwendig und universell zu sein, nicht kontingent und von empirischer Beobachtung abhängig. Die Erkenntnis, dass 2+2=4, scheint eine andere Art von Wissen zu sein als die Erkenntnis, dass es heute regnet.

Rationalisten behaupten, dass die Vernunft nicht nur deduktive Schlussfolgerungen aus vorhandenen Überzeugungen ziehen kann, sondern auch direkte Einsichten in die Natur der Realität liefern kann.

Im Laufe der philosophischen Geschichte gab es zahlreiche Versuche, diese beiden Traditionen zu synthetisieren. Der einflussreichste davon war Immanuel Kants "transzendentaler Idealismus". Kant argumentierte, dass sowohl Erfahrung als auch angeborene kognitive Strukturen zum Wissen beitragen. Seiner Ansicht nach liefert die Erfahrung den "Inhalt" des Wissens, während der Verstand die "Form" bereitstellt – die begrifflichen Kategorien und Prinzipien, durch die wir Erfahrung organisieren und verstehen.

In der modernen Erkenntnistheorie hat sich eine nuanciertere Sichtweise entwickelt, die anerkennt, dass verschiedene Arten von Wissen unterschiedliche Mischungen aus empirischen und rationalen Elementen erfordern. Die Naturwissenschaften beispielsweise vereinen empirische Beobachtung mit mathematischem Formalismus und theoretischer Schlussfolgerung.

Diese Synthese spiegelt sich in der zeitgenössischen Kognitionswissenschaft wider, die sowohl die Rolle angeborener kognitiver Strukturen als auch die Plastizität und Anpassungsfähigkeit des Gehirns an Umwelteinflüsse betont. Die alte Debatte zwischen "Natur" und

"Erziehung" hat sich zu einer komplexeren Verständnis entwickelt, wie genetische Faktoren und Umweltfaktoren bei der kognitiven Entwicklung interagieren.

Die Grenzen der Erkenntnis

Trotz der bemerkenswerten Erfolge menschlicher Rationalität stoßen wir immer wieder auf Grenzen dessen, was wir wissen können. Diese Erkenntnisgrenzen zeigen sich auf verschiedenen Ebenen und aus verschiedenen Gründen.

Kognitive Grenzen entstehen aus der Beschaffenheit unserer mentalen Fähigkeiten. Unser Arbeitsgedächtnis kann nur eine begrenzte Anzahl von Elementen gleichzeitig verarbeiten. Unsere Vorstellungskraft findet es schwierig, bestimmte Konzepte zu erfassen, wie vierdimensionale Räume oder extrem große oder kleine Maßstäbe. Unsere Sinne nehmen nur einen schmalen Ausschnitt des physikalischen Spektrums wahr. Diese Grenzen können teilweise durch Werkzeuge und Formalismen überwunden werden – Teleskope erweitern unsere Sicht, Mathematik ermöglicht es uns, mit Konzepten zu arbeiten, die wir uns nicht direkt vorstellen können – aber letztendlich bleibt unser Denken durch unsere kognitiven Architekturen strukturiert und beschränkt.

Prinzipielle Grenzen betreffen Fragen, die möglicherweise grundsätzlich unbeantwortbar sind. Gödels Unvollständigkeitssätze zeigen, dass in jedem formalen System, das stark genug ist, um die elementare Arithmetik zu erfassen, wahre Aussagen existieren, die nicht beweisbar sind. Die Heisenbergsche Unschärferelation deutet darauf hin, dass es fundamentale Grenzen für die Präzision bestimmter physikalischer

Messungen gibt. Diese Ergebnisse legen nahe, dass es bestimmte Arten von Wissen geben könnte, die nicht nur vorübergehend unzugänglich sind, sondern prinzipiell außerhalb unserer Reichweite liegen.

Praktische Grenzen ergeben sich aus der Komplexität bestimmter Probleme. Chaotische Systeme, wie das Wetter, zeigen eine extreme Sensitivität gegenüber Anfangsbedingungen, was langfristige Vorhersagen praktisch unmöglich macht. Komplexe Systeme mit vielen interagierenden Teilen, wie Ökosysteme oder Volkswirtschaften, können emergente Eigenschaften aufweisen, die schwer vorherzusagen sind, selbst wenn wir die Grundregeln verstehen. Und "NP-vollständige" Probleme in der Informatik werden mit wachsender Größe so komplex, dass sie selbst mit den leistungsfähigsten Computern nicht in praktikablen Zeiträumen gelöst werden können.

Historische und perspektivische Grenzen entstehen aus unserer Position in Raum und Zeit. Einige Aspekte der Vergangenheit hinterlassen keine Spuren, die wir untersuchen können. Zukünftige Ereignisse, insbesondere solche, die von menschlichen Entscheidungen abhängen, können grundsätzlich unvorhersehbar sein. Und unsere eigenen Standpunkte – kulturell, historisch, biologisch – prägen unvermeidlich, wie wir die Welt wahrnehmen und interpretieren.

Trotz dieser Grenzen ist die menschliche Erkenntnis bemerkenswert erfolgreich. Durch kollektive Anstrengung, technologische Erweiterungen und die kumulative Natur des Wissens haben wir Einsichten gewonnen, die weit über das hinausgehen, was ein einzelner Mensch erfahren oder verstehen könnte.

Die Anerkennung der Grenzen der Erkenntnis ist selbst ein Akt der Vernunft. Es ermöglicht uns, angemessene Grade der Gewissheit für verschiedene Arten von Behauptungen festzulegen, unsere Erkenntniswerkzeuge an verschiedene Domänen anzupassen und eine Haltung intellektueller Bescheidenheit angesichts der Komplexität des Universums einzunehmen.

Wahrscheinlichkeit und Gewissheit

In einer Welt voller Unsicherheit ist das Verständnis von Wahrscheinlichkeit ein wesentlicher Aspekt rationalen Denkens. Menschen müssen ständig Entscheidungen unter Unsicherheit treffen, von alltäglichen Fragen ("Wird es heute regnen?") bis zu folgenreichen Lebensentscheidungen ("Welche Karriere sollte ich verfolgen?").

Die formale Theorie der Wahrscheinlichkeit, begründet durch Mathematiker wie Blaise Pascal, Pierre de Fermat und später Andrey Kolmogorov, bietet ein rigoroses Rahmenwerk für den Umgang mit Unsicherheit. Grundlegende Axiome der Wahrscheinlichkeitstheorie definieren:

1. Wahrscheinlichkeiten sind nicht-negative reelle Zahlen.

2. Die Wahrscheinlichkeit des gesamten Ereignisraums ist 1 (Gewissheit).

3. Die Wahrscheinlichkeit der Vereinigung sich gegenseitig ausschließender Ereignisse ist die Summe ihrer individuellen Wahrscheinlichkeiten.

Auf dieser Grundlage können komplexere Konzepte entwickelt werden, wie bedingte Wahrscheinlichkeit, statistische Unabhängigkeit und der Satz von Bayes – ein mächtiges Werkzeug zur Aktualisierung von Überzeugungen angesichts neuer Beweise.

Historisch wurden zwei Hauptinterpretationen der Wahrscheinlichkeit entwickelt:

- Die **frequentistische Interpretation** versteht Wahrscheinlichkeit als Grenzwert der relativen Häufigkeit eines Ereignisses in einer großen Anzahl von Wiederholungen. Zum Beispiel ist die Wahrscheinlichkeit von "Kopf" beim Münzwurf der Anteil der Würfe, die "Kopf" ergeben würden, wenn man die Münze unendlich oft würfe.

- Die **bayesianische Interpretation** betrachtet Wahrscheinlichkeit als Grad der Überzeugung oder Gewissheit. Diese Sichtweise erlaubt es, auch einmaligen Ereignissen Wahrscheinlichkeiten zuzuordnen und Überzeugungen systematisch zu aktualisieren, wenn neue Informationen verfügbar werden.

Beide Interpretationen haben ihre Vor- und Nachteile und werden in verschiedenen Kontexten angewendet. Die frequentistische Sichtweise dominiert in vielen wissenschaftlichen Disziplinen, während der bayesianische Ansatz in Bereichen wie künstlicher Intelligenz, Entscheidungstheorie und subjektiver Erkenntnistheorie zunehmend einflussreich ist.

In der Praxis wenden Menschen oft intuitive Heuristiken an, um mit Wahrscheinlichkeiten umzugehen, die jedoch zu systematischen Verzerrungen führen können. Forschungen von Psychologen wie Daniel Kahneman und

Amos Tversky haben gezeigt, dass Menschen Wahrscheinlichkeiten oft falsch einschätzen, indem sie:

- Die Häufigkeit leicht abrufbarer Ereignisse überschätzen (Verfügbarkeitsheuristik)

- Basisraten ignorieren (Basisratenfehler)

- Muster in zufälligen Daten sehen (Clustering-Illusion)

- Die Wahrscheinlichkeit verbundener Ereignisse überschätzen (Konjunktionsfehler)

Trotz dieser Tendenzen zu Fehleinschätzungen haben Menschen die bemerkenswerte Fähigkeit entwickelt, probabilistisches Denken zu formalisieren und anzuwenden. Die Entwicklung von Statistik, Wahrscheinlichkeitstheorie und Risikoanalyse hat es uns ermöglicht, Unsicherheit präziser zu quantifizieren und zu managen.

Ein zentrales Spannungsfeld im probabilistischen Denken ist das Verhältnis zwischen Wahrscheinlichkeit und Gewissheit. Absolute Gewissheit (Wahrscheinlichkeit 1) und absolute Unmöglichkeit (Wahrscheinlichkeit 0) sind in empirischen Fragen selten erreichbar. Selbst unsere bestbestätigten wissenschaftlichen Theorien bleiben grundsätzlich falsifizierbar – offen für Revision angesichts überwältigender gegenteiliger Beweise.

Diese Einsicht hat zu einem epistemischen Fallibilismus geführt – der Anerkennung, dass selbst unsere sichersten Überzeugungen fehlbar sind. Anstatt nach absoluter Gewissheit zu streben, versuchen rationale Denker, angemessene Grade der Überzeugung zu kultivieren, die proportional zur verfügbaren Evidenz sind.

In diesem Sinne kann Rationalität als die Fähigkeit verstanden werden, Wahrscheinlichkeiten richtig einzuschätzen und entsprechend zu handeln – eine kontinuierliche Kalibrierung unserer Überzeugungen angesichts unvollständiger und sich entwickelnder Informationen.

Teil II: Vernunft in Aktion

Kapitel 4: Entscheidungsfindung

Rationale Entscheidungsmodelle

Die Fähigkeit, Entscheidungen zu treffen – von alltäglichen Wahlen bis zu lebensverändernden Entschlüssen – ist ein zentraler Aspekt menschlicher Rationalität. Im Laufe der Geschichte haben Menschen verschiedene Modelle entwickelt, um den Entscheidungsprozess zu verstehen und zu verbessern.

Das klassische Modell der rationalen Entscheidungsfindung, wie es in der Ökonomie und verwandten Feldern entwickelt wurde, basiert auf mehreren Kernannahmen:

1. **Wohlgeformte Präferenzen**: Entscheidungsträger haben stabile, konsistente Präferenzen über mögliche Ergebnisse.

2. **Informationsintegration**: Entscheidungsträger sammeln und verarbeiten relevante Informationen über die verfügbaren Optionen.

3. **Nutzenmaximierung**: Entscheidungsträger wählen die Option, die ihren erwarteten Nutzen (oder "Wert") maximiert.

4. **Rationalität**: Der Prozess folgt logischen Regeln und wird nicht durch irrelevante Faktoren beeinflusst.

Diese klassische Sichtweise wurde in der normativen Entscheidungstheorie formalisiert, die vorschreibt, wie ideale rationale Akteure Entscheidungen treffen sollten.

Das **Erwartungsnutzenmodell**, entwickelt von John von Neumann und Oskar Morgenstern, ist ein einflussreiches formales Modell rationaler Entscheidung unter Unsicherheit. Es besagt, dass rationale Entscheider die Option wählen sollten, die den höchsten erwarteten Nutzen bietet, berechnet als die Summe der Nutzen jedes möglichen Ergebnisses, gewichtet mit seiner Wahrscheinlichkeit.

Ein einfaches Beispiel: Bei der Entscheidung, ob man einen Regenschirm mitnehmen soll, würde ein rationaler Entscheider den Nutzen des Regenschirms bei Regen und bei Sonnenschein betrachten, diese mit den jeweiligen Wahrscheinlichkeiten gewichten und dann entscheiden.

Während solche Modelle mathematisch elegant sind, hat die Forschung gezeigt, dass reale menschliche

Entscheidungen oft von diesen idealen Mustern abweichen. Herbert Simon prägte den Begriff der **begrenzten Rationalität** (bounded rationality), um die Tatsache zu beschreiben, dass Menschen durch kognitive Grenzen, Zeitdruck und unvollständige Informationen eingeschränkt sind. Anstatt zu "optimieren" (die beste mögliche Option zu wählen), "satisfizieren" Menschen oft – sie wählen die erste Option, die "gut genug" erscheint.

Ein realistischeres Modell menschlicher Entscheidungsfindung umfasst typischerweise diese Schritte:

1. **Problemerkennung**: Erkennen, dass eine Entscheidung getroffen werden muss

2. **Informationssammlung**: Suche nach relevanten Informationen, oft begrenzt durch Zeit und Ressourcen

3. **Alternativen identifizieren**: Generieren möglicher Optionen, typischerweise eine begrenzte Teilmenge aller theoretisch möglichen Optionen

4. **Bewertung**: Abwägen der Vor- und Nachteile jeder Option, oft unter Verwendung vereinfachender Heuristiken

5. **Entscheidung**: Auswahl einer Option, beeinflusst sowohl von analytischen als auch von intuitiven Prozessen

6. **Überprüfung**: Bewertung der Entscheidung nach ihrer Umsetzung, was zu Lernen für zukünftige Entscheidungen führt

Es ist wichtig zu beachten, dass dieser Prozess selten streng linear verläuft. Menschen bewegen sich oft zwischen diesen Schritten hin und her, insbesondere wenn neue Informationen verfügbar werden oder sich die Umstände ändern.

Moderne Dual-Prozess-Theorien, popularisiert von Psychologen wie Daniel Kahneman, schlagen vor, dass Entscheidungen durch zwei verschiedene kognitive Systeme beeinflusst werden:

- **System 1**: Schnell, automatisch, emotional, stereotypisch und unbewusst

- **System 2**: Langsam, anstrengend, logisch, berechnend und bewusst

Beide Systeme spielen wichtige Rollen. System 1 ermöglicht schnelle Reaktionen und nutzt Erfahrung, während System 2 komplexe Probleme lösen und System-1-Impulse überschreiben kann, wenn nötig.

Die Balance zwischen diesen Systemen – wann man intuitiven Urteilen vertraut und wann man zu langsamerer, deliberativer Analyse wechselt – ist selbst eine Form von Metarationalität, die mit Erfahrung und Übung entwickelt werden kann.

Nutzenmaximierung und Präferenzordnungen

Im Kern der Entscheidungstheorie steht das Konzept des Nutzens – eine abstrakte Maßeinheit für Präferenz oder Wert, die es ermöglicht, verschiedene Optionen zu vergleichen. Nutzen ist eine psychologische Größe, die die subjektive Bewertung eines Ergebnisses durch den Entscheidungsträger repräsentiert.

Eine grundlegende Annahme der klassischen Entscheidungstheorie ist, dass rationale Individuen ihre Präferenzen als vollständige und transitive Ordnungen organisieren:

- **Vollständigkeit**: Für jedes Paar von Optionen A und B gilt entweder A wird B vorgezogen, B wird A vorgezogen, oder der Entscheider ist indifferent zwischen ihnen.

- **Transitivität**: Wenn Option A gegenüber B bevorzugt wird und B gegenüber C, dann wird A auch gegenüber C bevorzugt.

Diese Annahmen ermöglichen es, Präferenzen durch Nutzenfunktionen zu repräsentieren – mathematische Funktionen, die jeder möglichen Option eine reelle Zahl zuordnen, wobei höhere Zahlen stärker bevorzugte Optionen darstellen.

Unter Bedingungen der Unsicherheit wird das Konzept des erwarteten Nutzens relevant. Der erwartete Nutzen einer Option ist die Summe der Nutzen aller möglichen Ergebnisse, gewichtet mit ihren Wahrscheinlichkeiten. Formell:

$$EU(A) = \sum p(i) \times U(i)$$

wobei EU(A) der erwartete Nutzen der Option A ist, p(i) die Wahrscheinlichkeit des Ergebnisses i, und U(i) der Nutzen des Ergebnisses i.

Das Prinzip der Nutzenmaximierung besagt, dass rationale Entscheider die Option wählen sollten, die den höchsten erwarteten Nutzen bietet.

Während dieses Modell eine solide normative Grundlage bietet, haben empirische Studien zahlreiche Abweichungen von diesen Prinzipien in tatsächlichen menschlichen Entscheidungen dokumentiert. Einige wichtige Abweichungen umfassen:

1. **Framing-Effekte**: Die Darstellung eines Problems kann die Entscheidung drastisch beeinflussen. Menschen neigen dazu, risikoscheue Entscheidungen zu treffen, wenn Optionen als Gewinne dargestellt werden, und risikofreudige Entscheidungen, wenn dieselben Optionen als Verluste gerahmt werden.

2. **Zeitinkonsistente Präferenzen**: Menschen gewichten gegenwärtige Ergebnisse oft überproportional gegenüber zukünftigen (hyperbolische Diskontierung), was zu zeitinkonsistenten Präferenzen führt.

3. **Verlustaversion**: Verluste werden typischerweise stärker gewichtet als Gewinne gleicher Größe.

4. **Nichtlineare Wahrscheinlichkeitsgewichtung**: Menschen überschätzen tendenziell kleine Wahrscheinlichkeiten und unterschätzen große Wahrscheinlichkeiten.

Diese Abweichungen haben zur Entwicklung alternativer Modelle wie der Prospect Theory von Kahneman und Tversky geführt, die versuchen, tatsächliches menschliches Entscheidungsverhalten besser zu beschreiben.

Ein weiterer Aspekt realer Entscheidungen ist, dass Präferenzen oft konstruiert, nicht einfach abgerufen werden. Das heißt, Menschen entdecken häufig, was sie wollen, während sie über eine Entscheidung nachdenken, statt auf einen vordefinierten Satz stabiler Präferenzen zurückzugreifen.

Trotz dieser Komplexitäten bietet der Rahmen der Nutzenmaximierung ein nützliches normatives Modell. Es hilft uns, systematische Verzerrungen zu identifizieren und zu korrigieren und Entscheidungen zu verbessern, indem wir:

- Ziele und Werte explizit machen

- Alternativen systematisch identifizieren

- Relevante Wahrscheinlichkeiten abschätzen

- Mögliche Ergebnisse bewerten

- Erwartungswerte berechnen und vergleichen

Die Anwendung dieser Prinzipien – auch in vereinfachter Form – kann zu besseren Entscheidungen führen, selbst wenn das Ideal perfekter Nutzenmaximierung in der Praxis nie vollständig erreicht wird.

Spieltheorie und strategisches Denken

Die Spieltheorie, ein mathematisches Rahmenwerk zur Analyse strategischer Interaktionen, hat unser Verständnis rationaler Entscheidungsfindung in sozialen Kontexten revolutioniert. In Situationen, in denen das Ergebnis einer Entscheidung von den Handlungen anderer abhängt, reicht einfache Nutzenmaximierung nicht aus – man muss auch vorhersehen, wie andere handeln werden, unter Berücksichtigung dessen, dass sie wiederum versuchen, vorherzusehen, wie man selbst handeln wird.

Grundlegende Konzepte der Spieltheorie umfassen:

1. **Spieler**: Die Entscheidungsträger

2. **Strategien**: Die möglichen Handlungspläne für jeden Spieler

3. **Auszahlungen**: Die Nutzen, die jeder Spieler für jede mögliche Kombination von Strategien erhält

4. **Informationsstrukturen**: Was die Spieler über das Spiel und übereinander wissen

Spieltheoretische Situationen werden oft in Form von "Spielen" mit spezifischen Regeln und Auszahlungen modelliert. Einige klassische Beispiele umfassen:

- **Das Gefangenendilemma**: Zwei Verdächtige müssen unabhängig entscheiden, ob sie kooperieren (schweigen) oder defektieren (gestehen). Obwohl gegenseitige Kooperation für beide besser wäre als gegenseitige Defektion, führt individuell rationales Handeln zur Defektion beider Spieler – ein paradoxes Ergebnis.

- **Koordinationsspiele**: Spieler gewinnen, wenn sie die gleiche Strategie wählen, haben aber möglicherweise unterschiedliche Präferenzen darüber, auf welche Strategie sie sich koordinieren sollten.

- **Chicken Game**: Wie beim "Feiglingsspiel", bei dem zwei Fahrer aufeinander zurasen, und derjenige, der zuerst ausweicht, als "Feigling" gilt. Es modelliert Konfliktsituationen, in denen gegenseitige Sturheit katastrophal ist.

Ein zentrales Lösungskonzept in der Spieltheorie ist das **Nash-Gleichgewicht**, benannt nach dem Mathematiker John Nash. Ein Nash-Gleichgewicht ist eine Strategiekombination, bei der kein Spieler seine Auszahlung verbessern kann, indem er einseitig seine Strategie ändert, während die Strategien der anderen Spieler konstant bleiben. Im Gefangenendilemma beispielsweise ist gegenseitige Defektion ein Nash-Gleichgewicht, obwohl es nicht das Pareto-optimale Ergebnis ist.

Die Spieltheorie unterscheidet zwischen verschiedenen Arten von Spielen:

- **Simultane vs. sequentielle Spiele**: Bei simultanen Spielen treffen alle Spieler ihre Entscheidungen gleichzeitig, ohne die Entscheidungen der anderen zu kennen. Bei sequentiellen Spielen handeln die Spieler in einer festgelegten Reihenfolge, wobei spätere Spieler die Handlungen früherer Spieler beobachten können.

- **Einmalige vs. wiederholte Spiele**: Einmalige Spiele werden nur einmal gespielt, während wiederholte Spiele mehrere Runden umfassen, was Raum für Vergeltung, Kooperation und Reputationsbildung schafft.

- **Spiele mit vollständiger vs. unvollständiger Information**: Bei Spielen mit vollständiger Information kennen alle Spieler die Auszahlungsfunktionen aller Spieler. Bei unvollständiger Information herrscht Unsicherheit über die Präferenzen oder Möglichkeiten der anderen.

In wiederholten Spielen können Strategien wie "Tit-for-Tat" (beginne mit Kooperation und imitiere dann den letzten Zug des Gegners) zu langfristiger Kooperation führen, selbst in Situationen wie dem Gefangenendilemma, wo einmalige Interaktion zur Defektion führen würde. Dies zeigt, wie langfristige oder wiederholte Interaktionen andere rationale Strategien erzeugen können als kurzfristige Begegnungen.

Jenseits ihrer mathematischen Eleganz hat die Spieltheorie weitreichende Anwendungen gefunden, von Wirtschaft und Politik bis hin zu Biologie und Informatik. Sie hat tiefe Einblicke in Phänomene wie:

- Die Entstehung kooperativen Verhaltens

- Das Management gemeinsamer Ressourcen

- Verhandlungs- und Bargaining-Prozesse

- Wettbewerbsstrategien in Märkten

- Evolutionär stabile Strategien in biologischen Systemen

- Mechanismen-Design für Institutionen und Marktplätze

Die Spieltheorie erweitert unser Verständnis rationalen Handelns, indem sie zeigt, dass rationales Handeln in sozialen Kontexten komplexer ist als einfache Nutzenmaximierung. Es erfordert strategisches Denken – die Fähigkeit, die Handlungen anderer vorherzusehen und entsprechend zu planen, unter Berücksichtigung dessen, dass andere dasselbe tun.

Entscheidungen unter Unsicherheit

Das Leben ist voller Unsicherheiten, und ein Großteil unserer Entscheidungen muss unter unvollständigem Wissen über zukünftige Ereignisse, Konsequenzen oder sogar unsere eigenen zukünftigen Präferenzen getroffen werden. Die Fähigkeit, unter solchen Bedingungen effektiv zu entscheiden, ist ein Kernaspekt menschlicher Rationalität.

Die Entscheidungstheorie unterscheidet zwischen verschiedenen Arten von Unsicherheit:

1. **Risiko**: Situationen, in denen die möglichen Ergebnisse und ihre Wahrscheinlichkeiten bekannt sind (z.B. Würfelspiele, einfache Glücksspiele).

2. **Unsicherheit im engeren Sinne**: Situationen, in denen die möglichen Ergebnisse bekannt sind, aber ihre Wahrscheinlichkeiten unbekannt oder nicht objektiv bestimmbar sind (z.B. die

Wahrscheinlichkeit eines neuartigen technologischen Durchbruchs).

3. **Tiefe Unsicherheit oder "Unknown Unknowns"**: Situationen, in denen nicht einmal alle möglichen Ergebnisse im Voraus identifiziert werden können (z.B. die langfristigen gesellschaftlichen Auswirkungen einer radikal neuen Technologie).

Bei Entscheidungen unter Risiko bietet die Erwartungsnutzentheorie einen normativen Rahmen: Wähle die Option mit dem höchsten erwarteten Nutzen, berechnet durch Gewichtung des Nutzens jedes möglichen Ergebnisses mit seiner Wahrscheinlichkeit.

Komplexer wird es bei Entscheidungen unter Unsicherheit oder tiefer Unsicherheit. Hier wurden verschiedene Entscheidungsregeln vorgeschlagen:

- **Maximin-Regel** (auch Wald-Kriterium): Wähle die Option, deren schlechtestes mögliches Ergebnis besser ist als das schlechteste mögliche Ergebnis jeder anderen Option. Diese Regel spiegelt extreme Vorsicht oder Pessimismus wider.

- **Maximax-Regel**: Wähle die Option, deren bestes mögliches Ergebnis besser ist als das beste mögliche Ergebnis jeder anderen Option. Diese Regel spiegelt Optimismus wider.

- **Hurwicz-Kriterium**: Wähle basierend auf einer gewichteten Kombination des besten und schlechtesten möglichen Ergebnisses, wobei der "Optimismus-Parameter" die persönliche Risikoneigung widerspiegelt.

- **Laplace-Kriterium**: Bei Fehlen von Informationen über Wahrscheinlichkeiten, weise allen möglichen Zuständen die gleiche Wahrscheinlichkeit zu und wähle dann die Option mit dem höchsten erwarteten Nutzen.

- **Minimax-Regret-Regel**: Wähle die Option, die das maximale potenzielle Bedauern (die Differenz zwischen dem tatsächlichen Ergebnis und dem bestmöglichen Ergebnis, das hätte erreicht werden können) minimiert.

Keine dieser Regeln ist universell optimal; die angemessene Wahl hängt vom spezifischen Kontext und den Werten des Entscheiders ab.

Ein besonders herausfordernder Aspekt von Entscheidungen unter Unsicherheit ist der Umgang mit sehr unwahrscheinlichen, aber katastrophalen Risiken – sogenannten "Tail Risks" oder "Black Swan Events". Wie sollten rationale Akteure etwa extrem unwahrscheinliche, aber existenzbedrohende Risiken wie Asteroideneinschläge oder Artifizielle-Intelligenz-bezogene Katastrophen bewerten?

Praktische Ansätze für Entscheidungen unter tiefer Unsicherheit umfassen:

1. **Robuste Entscheidungsfindung**: Suche nach Optionen, die über eine Vielzahl möglicher zukünftiger Szenarien hinweg angemessen funktionieren, anstatt unter optimistischen Annahmen optimal zu sein.

2. **Adaptive Management**: Plane, zu lernen und die Strategie basierend auf neuen Informationen

anzupassen, anstatt einen unveränderlichen Kurs festzulegen.

3. **Diversifizierung**: Verteile Ressourcen über mehrere Optionen, um nicht "alle Eier in einen Korb zu legen".

4. **Versicherung**: Akzeptiere kleinere, bekannte Kosten (Prämien), um sich gegen größere, unsichere Verluste abzusichern.

5. **Hedging**: Führe kompensatorische Transaktionen durch, um Risiken in einem Portfolio zu neutralisieren.

6. **Optionalität bewahren**: Schätze Flexibilität und halte Optionen offen, wenn möglich.

Ein weiterer wichtiger Aspekt ist der Umgang mit zeitlicher Unsicherheit. Menschen müssen oft zwischen unmittelbaren und zukünftigen Ergebnissen abwägen, wobei die Zukunft inhärent unsicherer ist. Die Diskontierung zukünftiger Nutzen ist ein normatives Modell für solche intertemporalen Entscheidungen, obwohl Menschen in der Praxis oft hyperbolische anstatt exponentieller Diskontierung anwenden, was zu zeitinkonsistenten Präferenzen führt.

Die moderne Entscheidungstheorie berücksichtigt zunehmend auch unsere Unsicherheit über unsere eigenen zukünftigen Präferenzen und Werte – ein Phänomen, das bei langfristigen Entscheidungen wie Karrierewahl oder Familienplanung besonders relevant ist.

Diese verschiedenen Aspekte von Unsicherheit veranschaulichen, warum Entscheidungsfindung eine der komplexesten Anwendungen menschlicher Rationalität ist. Sie erfordert nicht nur logisches Denken, sondern auch Urteilsvermögen, Intuition und die Fähigkeit, mit grundlegender Ungewissheit umzugehen – eine Herausforderung, die sowohl die Stärken als auch die Grenzen menschlicher Vernunft hervorhebt.

Kapitel 5: Wissenschaftliches Denken

Die wissenschaftliche Methode

Die wissenschaftliche Methode stellt vielleicht den höchstentwickelten und systematischsten Ausdruck menschlicher Rationalität dar. Sie ist ein strukturierter Ansatz zur Erforschung der Natur, der über Jahrhunderte verfeinert wurde und zu einem beispiellosen Wachstum des menschlichen Wissens geführt hat.

Im Kern ist die wissenschaftliche Methode ein iterativer Prozess des Fragens, Beobachtens, Hypothesenbildens, Testens und Revidierens. Obwohl es Variationen in verschiedenen Disziplinen gibt, umfasst die grundlegende Struktur typischerweise diese Schritte:

1. **Beobachtung und Fragestellung**: Der Prozess beginnt mit der Beobachtung eines Phänomens und der Formulierung einer präzisen, beantwortbaren Frage. Gute wissenschaftliche

Fragen sind spezifisch, empirisch testbar und in bestehende Wissensrahmen eingebettet.

2. **Literaturrecherche**: Wissenschaftler recherchieren, was über das Thema bereits bekannt ist, um auf vorhandenem Wissen aufzubauen und unnötige Wiederholung zu vermeiden.

3. **Hypothesenbildung**: Eine Hypothese ist eine vorläufige, testbare Erklärung, die die beobachteten Fakten berücksichtigt und Vorhersagen über zukünftige Beobachtungen ermöglicht. Gute Hypothesen sind klar, präzise und falsifizierbar.

4. **Experimentelles Design und Datenerhebung**: Wissenschaftler entwerfen Experimente oder Beobachtungsstudien, um ihre Hypothesen zu testen, mit besonderem Augenmerk auf Kontrollen, Variablenmanagement und Minimierung von Verzerrungen.

5. **Datenanalyse**: Die gesammelten Daten werden analysiert, oft mit statistischen Methoden, um festzustellen, ob sie die Hypothese unterstützen oder widerlegen.

6. **Schlussfolgerung**: Basierend auf der Analyse werden Schlüsse gezogen, ob die Hypothese unterstützt oder abgelehnt werden sollte, oder ob weitere Tests erforderlich sind.

7. **Kommunikation und Peer-Review**: Ergebnisse werden in wissenschaftlichen Zeitschriften oder auf Konferenzen kommuniziert, wo sie einer

kritischen Überprüfung durch andere Experten unterzogen werden.

8. **Replikation und Erweiterung**: Andere Wissenschaftler versuchen, die Ergebnisse zu replizieren und zu erweitern, was zur Stärkung oder Revision des Wissens führt.

Dieser Prozess ist nicht linear, sondern zyklisch. Neue Erkenntnisse führen zu neuen Fragen, und widersprüchliche Ergebnisse erfordern überarbeitete Hypothesen oder Experimente.

Während dieses grundlegende Muster weithin anerkannt ist, gibt es unterschiedliche philosophische Ansichten darüber, wie Wissenschaft tatsächlich fortschreitet:

- Der **induktivistische Ansatz**, der auf Francis Bacon zurückgeht, betont die Sammlung von Beobachtungen, aus denen allgemeine Prinzipien induktiv abgeleitet werden.

- Der **hypothetisch-deduktive Ansatz**, vertreten von Karl Popper, betont die Rolle von kühnen Vermutungen und rigiden Tests. Nach Popper ist das Schlüsselmerkmal wissenschaftlicher Theorien ihre Falsifizierbarkeit – die Möglichkeit, dass sie durch Beobachtung oder Experiment widerlegt werden könnten.

- **Thomas Kuhns Paradigmentheorie** beschreibt Wissenschaft als abwechselnd zwischen Perioden "normaler Wissenschaft" (Puzzlelösen innerhalb eines akzeptierten theoretischen Rahmens) und "wissenschaftlichen Revolutionen" (radikalen Paradigmenwechseln).

- **Imre Lakatos' Methodologie** wissenschaftlicher Forschungsprogramme betrachtet Wissenschaft als Wettbewerb zwischen Forschungsprogrammen mit einem "harten Kern" von Grundüberzeugungen und einem "Schutzgürtel" flexibler Hilfshypothesen.

Trotz dieser philosophischen Unterschiede teilen alle Ansätze gemeinsame Grundwerte:

- **Empirismus**: Der Glaube, dass Beobachtung und Experiment die ultimativen Schiedsrichter wissenschaftlicher Ansprüche sind.

- **Skeptizismus**: Die kritische Bewertung aller Behauptungen, unabhängig von Autorität oder Intuition.

- **Öffentlichkeit**: Die offene Teilung von Methoden, Daten und Ergebnissen, um kollektive Überprüfung zu ermöglichen.

- **Provisionalität**: Die Anerkennung, dass wissenschaftliches Wissen vorläufig ist und für Revision offen bleibt.

Diese Werte bilden einen Kern wissenschaftlicher Rationalität, der disziplinübergreifend gilt, von der Teilchenphysik bis zur Evolutionsbiologie, von der Klimawissenschaft bis zur Kognitionspsychologie.

Die wissenschaftliche Methode hat sich als außerordentlich erfolgreich erwiesen, aber sie hat auch Grenzen. Sie ist am besten geeignet für Fragen, die empirisch testbar sind, und weniger geeignet für normative, ästhetische oder metaphysische Fragen. Sie kann auch durch praktische Einschränkungen wie ethische

Bedenken, technologische Grenzen oder die Komplexität bestimmter Phänomene herausgefordert werden.

Dennoch bleibt die wissenschaftliche Methode eine der bemerkenswertesten Errungenschaften menschlicher Rationalität – ein systematischer Ansatz zum Aufbau zuverlässigen Wissens, der kontinuierliche Selbstkorrektur und kumulative Fortschritte ermöglicht.

Hypothesenbildung und Falsifizierbarkeit

Im Herzen des wissenschaftlichen Prozesses liegt die Kunst der Hypothesenbildung – die Formulierung von testbaren Vorschlägen, die beobachtete Phänomene erklären und Vorhersagen über zukünftige Beobachtungen ermöglichen. Eine gut formulierte Hypothese ist nicht bloß eine Vermutung, sondern ein präzises, überprüfbares Statement, das zur Erweiterung unseres Verständnisses beiträgt.

Die Entwicklung einer wissenschaftlichen Hypothese folgt oft diesem Muster:

1. **Identifikation eines Musters oder Problems**: Wissenschaftler bemerken ein unerklärtes Phänomen oder eine Lücke im aktuellen Verständnis.

2. **Integration in bestehendes Wissen**: Sie erwägen, wie dieses Phänomen mit etablierten Theorien zusammenhängt oder ihnen widerspricht.

3. **Kreative Spekulation**: Sie entwickeln mögliche Erklärungen, die oft Intuition, Analogie und kreatives Denken erfordern.

4. **Präzisierung**: Die vielversprechendste Erklärung wird in eine spezifische, testbare Form gebracht.

5. **Deduktion von Konsequenzen**: Logische Implikationen werden abgeleitet – was müsste wahr sein, wenn die Hypothese korrekt ist?

Eine gute wissenschaftliche Hypothese hat mehrere Schlüsselmerkmale:

- **Klarheit**: Sie ist präzise formuliert, ohne Mehrdeutigkeit oder Vagheit.

- **Relevanz**: Sie adressiert das identifizierte Problem oder Phänomen.

- **Testbarkeit**: Sie führt zu empirisch überprüfbaren Vorhersagen.

- **Fruchtbarkeit**: Sie eröffnet neue Forschungsrichtungen.

- **Sparsamkeit**: Sie bevorzugt einfachere Erklärungen gegenüber unnötig komplexen (Ockhams Rasiermesser).

- **Konsistenz**: Sie steht nicht in direktem Widerspruch zu gut etabliertem Wissen.

Das Konzept der **Falsifizierbarkeit**, maßgeblich von Karl Popper entwickelt, ist zentral für das moderne Verständnis wissenschaftlicher Hypothesen. Popper argumentierte, dass das entscheidende Merkmal einer wissenschaftlichen Aussage ihre Fähigkeit ist, widerlegt werden zu können. Wenn keine mögliche Beobachtung eine Theorie widerlegen könnte, dann ist sie nach Popper nicht wissenschaftlich, sondern metaphysisch.

Zum Beispiel ist die Aussage "Alle Schwäne sind weiß" wissenschaftlich, weil die Beobachtung eines einzigen nicht-weißen Schwans sie falsifizieren würde. Im Gegensatz dazu ist eine vage Aussage wie "Alles geschieht aus einem Grund" nicht falsifizierbar, da kein mögliches Ereignis sie widerlegen könnte.

Popper schlug dieses Kriterium als Lösung für das **Induktionsproblem** vor – die logische Unmöglichkeit, von einer begrenzten Anzahl von Beobachtungen zu universellen Gesetzen zu gelangen. Anstatt zu versuchen, Theorien zu beweisen (was logisch unmöglich ist), sollten Wissenschaftler nach Popper versuchen, sie zu widerlegen, indem sie strenge Tests entwerfen.

Dieser falsifikationistische Ansatz hat tiefgreifende Implikationen:

- Wissenschaftliche Theorien können nie endgültig bewiesen, sondern nur vorläufig akzeptiert werden, solange sie Falsifikationsversuchen standhalten.

- Theorien, die mehr Phänomene verbieten (spezifischere Vorhersagen machen), sind gehaltvoller und wissenschaftlich wertvoller.

- Kritisches Denken und rigorose Überprüfung, nicht Bestätigung, sind der Motor wissenschaftlichen Fortschritts.

Während Poppers strikte Falsifikationsmethodik einflussreich bleibt, haben Wissenschaftshistoriker und -philosophen wie Thomas Kuhn, Imre Lakatos und anderen argumentiert, dass die tatsächliche wissenschaftliche Praxis komplexer ist:

- Wissenschaftler geben Theorien selten aufgrund einzelner widersprüchlicher Beobachtungen auf.

- Anomalien werden oft durch Hilfshypothesen erklärt, nicht durch Aufgabe der Kerntheorie.

- Der Vergleich konkurrierender Theorien berücksichtigt viele Faktoren, nicht nur Falsifizierbarkeit.

- Erfolgreiche Theorien werden oft sowohl für ihre explanatorische Kraft als auch für ihre Widerstandsfähigkeit gegenüber Falsifikation geschätzt.

Lakatos schlug als Kompromiss vor, dass Wissenschaft aus "Forschungsprogrammen" besteht – Theoriekomplexen mit einem "harten Kern" grundlegender Annahmen und einem "Schutzgürtel" von Hilfshypothesen. Ein Forschungsprogramm bleibt progressiv, solange es neue Phänomene vorhersagen kann; es wird degenerativ, wenn es hauptsächlich ad-hoc-Erklärungen für Anomalien liefert.

Trotz dieser Nuancen bleibt Falsifizierbarkeit ein mächtiges Werkzeug im wissenschaftlichen Denken. Es:

- Fördert präzise, testbare Hypothesen

- Schützt vor vagen, unfalsifizierbaren Behauptungen

- Motiviert rigorose experimentelle Tests

- Betont die vorläufige Natur wissenschaftlichen Wissens

Die Erkenntnis, dass selbst unsere besten Theorien prinzipiell widerlegbar sind, verkörpert die einzigartige Kombination aus ambitioniertem Erkenntnisstreben und intellektueller Bescheidenheit, die die wissenschaftliche Rationalität charakterisiert.

Experimentelles Design und Datenanalyse

Ein gut konzipiertes Experiment ist ein mächtiges Instrument der Vernunft, das präzise Antworten auf spezifische Fragen liefern kann, indem es natürliche Phänomene unter kontrollierten Bedingungen untersucht. Experimentelles Design ist sowohl Wissenschaft als auch Kunst – es erfordert kreative Problemlösung innerhalb methodologischer Grenzen.

Die Grundprinzipien guten experimentellen Designs umfassen:

1. **Kontrolle**: Isolation der Variablen von Interesse, während andere potenzielle Einflussfaktoren konstant gehalten oder randomisiert werden.

2. **Randomisierung**: Zufällige Zuweisung von Subjekten zu Experimentalgruppen, um systematische Verzerrungen zu reduzieren.

3. **Replikation**: Wiederholung des Experiments mehrfach, um zufällige Variationen zu berücksichtigen und die Zuverlässigkeit der Ergebnisse zu erhöhen.

4. **Blockbildung**: Gruppierung ähnlicher experimenteller Einheiten, um die Varianz innerhalb der Gruppen zu reduzieren.

5. **Factorial Design**: Systematische Variation mehrerer Faktoren, um ihre individuellen und interaktiven Effekte zu untersuchen.

6. **Verblindung**: Verbergen der experimentellen Bedingungen vor Teilnehmern und/oder Forschern, um unbewusste Verzerrungen zu minimieren.

Diese Prinzipien werden durch verschiedene experimentelle Designs implementiert, darunter:

- **Kontrollierte Experimente**: Die klassische Form, bei der eine Variable manipuliert wird, während andere kontrolliert werden.

- **Natürliche Experimente**: Nutzung natürlich auftretender Situationen, die eine quasi-experimentelle Untersuchung ermöglichen.

- **Quasi-experimentelle Designs**: Wenn echte Randomisierung nicht möglich ist, aber andere Kontrollen angewendet werden können.

- **Beobachtungsstudien**: Systematische Beobachtung ohne Manipulation, oft mit statistischen Kontrollen.

- **Longitudinalstudien**: Verfolgung derselben Subjekte über längere Zeiträume.

- **Querschnittsstudien**: Gleichzeitige Untersuchung verschiedener Gruppen zu einem bestimmten Zeitpunkt.

Ein entscheidender Aspekt experimentellen Designs ist die Berücksichtigung potenzieller Fehlerquellen und Verzerrungen:

- **Selektionsverzerrung**: Nichtrepräsentative Stichproben können zu nicht generalisierbaren Ergebnissen führen.

- **Messungsfehler**: Unpräzise oder inkonsistente Messungen können die Datenqualität beeinträchtigen.

- **Experimenter-Bias**: Unbewusste Einflüsse der Forscher können Ergebnisse verzerren.

- **Placebo-Effekte**: Erwartungen der Teilnehmer können physiologische und psychologische Reaktionen hervorrufen.

- **Regression zur Mitte**: Extreme Werte tendieren in Folgemessungen natürlicherweise zum Durchschnitt.

- **Reihenfolgeeffekte**: Die Abfolge von Tests kann Ergebnisse beeinflussen.

Nach der Durchführung eines Experiments ist die **Datenanalyse** der Prozess, durch den rohe Beobachtungen in bedeutungsvolle Schlussfolgerungen umgewandelt werden. Moderne Datenanalyse vereint statistische Methoden, Visualisierungstechniken und domänenspezifisches Wissen.

Grundlegende statistische Konzepte, die in der wissenschaftlichen Datenanalyse verwendet werden, umfassen:

- **Deskriptive Statistik**: Zusammenfassung der Hauptmerkmale eines Datensatzes durch Maße wie Mittelwert, Median, Standardabweichung und Korrelation.

- **Inferenzstatistik**: Ziehen von Schlüssen über Populationen basierend auf Stichprobendaten, unter Berücksichtigung von Stichprobenvariabilität und Wahrscheinlichkeit.

- **Hypothesentests**: Formale Verfahren zur Bewertung der Evidenz gegen eine Nullhypothese, quantifiziert durch p-Werte oder Bayes-Faktoren.

- **Effektgrößen**: Maße für die Stärke eines Phänomens, die die praktische Bedeutung über die statistische Signifikanz hinaus vermitteln.

- **Konfidenzintervalle** oder **Kredibilitätsintervalle**: Bereiche von Werten, die wahrscheinlich den wahren Parameter enthalten, mit einer angegebenen Wahrscheinlichkeit.

Die Datenanalyse wird durch Visualisierungstechniken unterstützt, die es ermöglichen, Muster, Trends und Ausreißer intuitiv zu erkennen. Vom einfachen Streudiagramm bis zu komplexen multidimensionalen Visualisierungen helfen grafische Darstellungen, sowohl bei der Exploration als auch bei der Kommunikation von Daten.

In den letzten Jahrzehnten haben fortgeschrittene Methoden wie maschinelles Lernen die Möglichkeiten der Datenanalyse erweitert, insbesondere für große, komplexe Datensätze. Diese Techniken können Muster entdecken, die traditionellen Analysen entgehen könnten, bringen aber auch eigene methodologische Herausforderungen mit sich.

Ein kritisches Bewusstsein für die Grenzen und potenziellen Fallstricke der Datenanalyse ist entscheidend. Probleme wie p-Hacking (selektives Berichten signifikanter Ergebnisse), HARKing (Hypothesenbildung nach Kenntnis der Ergebnisse), Publikationsbias (Tendenz, positive Ergebnisse zu veröffentlichen) und Überanpassung von Modellen haben zur sogenannten "Replikationskrise" in einigen wissenschaftlichen Feldern beigetragen.

Als Antwort darauf wurden verschiedene Praktiken entwickelt, um die Robustheit wissenschaftlicher Analysen zu verbessern:

- **Präregistrierung** von Studiendesigns und Analyseplänen

- **Open Data** und **Open Methods** für Transparenz und Überprüfbarkeit

- **Replikationsstudien** zur Validierung früherer Ergebnisse

- **Meta-Analysen** zur Integration von Ergebnissen über mehrere Studien hinweg

- **Sensitivitätsanalysen** zur Bewertung der Robustheit von Schlussfolgerungen gegenüber verschiedenen Annahmen

Diese methodologischen Entwicklungen zeigen, wie wissenschaftliches Denken kontinuierlich seine eigenen Prozesse überprüft und verfeinert – ein selbstkorrigierender Aspekt rationaler Untersuchung, der wesentlich für ihren langfristigen Erfolg ist.

Paradigmenwechsel und wissenschaftlicher Fortschritt

Wie schreitet Wissenschaft voran? Diese scheinbar einfache Frage hat tiefgreifende Implikationen für unser Verständnis rationaler Untersuchung. Die traditionelle Sichtweise, die bis zur Aufklärung zurückreicht, portraitierte wissenschaftlichen Fortschritt als kumulativ und linear – ein stetiges Ansammeln von Fakten und Theorien, die schrittweise zu einem immer akkurateren Verständnis der Welt führen.

Diese Ansicht wurde radikal durch Thomas Kuhns einflussreiches Werk "Die Struktur wissenschaftlicher Revolutionen" (1962) herausgefordert. Kuhn argumentierte, dass Wissenschaft nicht gleichmäßig fortschreitet, sondern durch alternierende Phasen von "normaler Wissenschaft" und "wissenschaftlichen Revolutionen" gekennzeichnet ist.

Während Perioden **normaler Wissenschaft** arbeiten Forscher innerhalb eines etablierten **Paradigmas** – einem Rahmen gemeinsamer Annahmen, Methoden, Standards und Beispiellösungen. Normale Wissenschaft gleicht dem Lösen von Puzzles: Wissenschaftler arbeiten an detaillierten Problemen innerhalb der Grenzen des akzeptierten Paradigmas, ohne grundlegende Annahmen in Frage zu stellen.

Im Laufe der Zeit sammeln sich jedoch **Anomalien** – experimentelle Ergebnisse oder Beobachtungen, die mit dem herrschenden Paradigma schwer vereinbar sind. Anfänglich werden diese als Messfehler abgetan oder durch ad-hoc-Modifikationen der Theorie erklärt. Wenn Anomalien jedoch persistieren und zunehmen, kann eine "Krise" entstehen – ein Zustand, in dem das Vertrauen in das Paradigma erschüttert wird.

Eine **wissenschaftliche Revolution** tritt ein, wenn ein neues Paradigma auftaucht, das die Anomalien besser erklären kann und eine frische Perspektive auf das Forschungsfeld bietet. Der Übergang von einem Paradigma zum anderen – ein **Paradigmenwechsel** – ist nicht einfach eine kumulative Erweiterung des Wissens, sondern beinhaltet grundlegende Veränderungen in Weltanschauung, Methoden und Forschungsfragen.

Klassische Beispiele für Paradigmenwechsel umfassen:

- Die kopernikanische Revolution, die das geozentrische durch das heliozentrische Weltbild ersetzte

- Der Übergang von der Phlogistontheorie zur Sauerstofftheorie der Verbrennung

- Die Ersetzung der newtonschen Physik durch Relativitätstheorie und Quantenmechanik

- Die Verschiebung von der Theorie der Kontinentalkrusten zur Plattentektonik

- Die Entwicklung der Evolutionstheorie, die die Vorstellung der unveränderlichen Arten ersetzte

Kuhns provokanteste Behauptung war, dass konkurrierende Paradigmen "inkommensurabel" seien – sie verwenden unterschiedliche Konzepte, Methoden und Standards, die einen direkten rationalen Vergleich erschweren. Dies führte zu Kontroversen über die Rationalität wissenschaftlichen Wandels. Wenn Wissenschaftler nicht objektiv zwischen Paradigmen wählen können, wird Wissenschaft dann durch nicht-rationale Faktoren wie Soziologie, Psychologie oder sogar Mode bestimmt?

Spätere Wissenschaftsphilosophen haben nuanciertere Positionen entwickelt:

Imre Lakatos schlug eine "Methodologie wissenschaftlicher Forschungsprogramme" vor, die zwischen Kuhns revolutionärem Bild und Poppers strengem Falsifikationismus vermittelt. Forschungsprogramme bestehen aus einem "harten Kern" grundlegender Annahmen und einem "Schutzgürtel" modifizierbarer Hilfshypothesen. Programme entwickeln sich progressiv, wenn sie neue Phänomene vorhersagen können, und degenerieren, wenn sie hauptsächlich ad-hoc-Erklärungen für Anomalien liefern.

Larry Laudan entwickelte ein "problemlösendes" Modell wissenschaftlichen Fortschritts. Theorien werden gewählt, weil sie erfolgreicher bei der Lösung empirischer und konzeptueller Probleme sind als ihre Konkurrenten, wobei die Problemlösefähigkeit das Maß für wissenschaftlichen Fortschritt ist.

Moderne wissenschaftliche Realisten argumentieren, dass erfolgreiche Theorien trotz Paradigmenwechseln oft wesentliche Wahrheiten über die Realität erfassen. Spätere Theorien bauen auf früheren auf und nähern sich einer immer genaueren Repräsentation der Welt an, selbst wenn keine Theorie die vollständige Wahrheit erreicht.

Die tatsächliche Geschichte der Wissenschaft zeigt Elemente sowohl von Kontinuität als auch von Diskontinuität. Paradigmenwechsel verwerfen selten alle Aspekte früherer Theorien. Die Relativitätstheorie ersetzt die newtonsche Mechanik nicht vollständig; sie umfasst sie als Approximation, die unter bestimmten Bedingungen gültig bleibt. Selbst während Revolutionen bleibt vieles bestehen: experimentelle Techniken, Daten, mathematische Werkzeuge und pragmatische Erfolgsstandards.

Ein nuanciertes Verständnis wissenschaftlichen Fortschritts erkennt mehrere Arten von Fortschritt an:

- **Datenfortschritt**: Akkumulation präziserer und umfassenderer empirischer Beobachtungen

- **Methodischer Fortschritt**: Entwicklung besserer Werkzeuge, Techniken und Standards

- **Konzeptueller Fortschritt**: Schaffung leistungsfähigerer theoretischer Frameworks

- **Erklärungsfortschritt**: Verbesserung der Tiefe, Breite und Einheit von Erklärungen

- **Instrumenteller Fortschritt**: Erhöhte Fähigkeit, natürliche Prozesse vorherzusagen und zu kontrollieren

Diese verschiedenen Dimensionen können sich in unterschiedlichen Raten und manchmal in unterschiedlichen Richtungen entwickeln, was wissenschaftliche Entwicklung zu einem komplexeren

Prozess macht, als jedes einfache lineares oder revolutionäres Modell nahelegen würde.

Die Debatte über die Natur wissenschaftlichen Fortschritts ist selbst ein Beispiel vernünftiger Untersuchung in Aktion – eine kontinuierliche Verfeinerung unseres Verständnisses, wie Vernunft am besten eingesetzt werden kann, um Wissen zu erweitern. Sie erinnert uns daran, dass Rationalität kein fester Algorithmus ist, sondern ein sich entwickelndes Set von Praktiken, die sowohl logische Strenge als auch kreative Innovation, sowohl Kontinuität als auch revolutionäre Neukonzeption umfassen.

Kapitel 6: Kognitive Verzerrungen

Systematische Denkfehler

Die menschliche Vernunft, so bemerkenswert sie auch ist, zeigt systematische Schwachstellen – wiederkehrende Muster fehlerhaften Denkens, die unsere Urteile, Entscheidungen und Überzeugungen verzerren können. Diese kognitiven Verzerrungen sind nicht einfach zufällige Fehler oder individuelle Schwächen, sondern intrinsische Tendenzen unserer kognitiven Architektur, die in vorhersagbarer Weise auftreten.

Die Erforschung kognitiver Verzerrungen begann ernsthaft in den 1970er Jahren mit der bahnbrechenden

Arbeit von Daniel Kahneman und Amos Tversky. Ihr Forschungsprogramm der "Heuristiken und Verzerrungen" dokumentierte zahlreiche Muster, in denen menschliches Urteilen systematisch von den Normen der Wahrscheinlichkeitstheorie, Statistik und logischem Denken abweicht.

Einige der fundamentalsten kognitiven Verzerrungen umfassen:

1. **Bestätigungsbias**: Die Tendenz, Informationen zu suchen, zu interpretieren und zu erinnern, die bestehende Überzeugungen bestätigen, während widersprechende Evidenz ignoriert oder abgewertet wird. Zum Beispiel verfolgen Menschen eher Nachrichtenquellen, die ihre politischen Ansichten teilen, und interpretieren mehrdeutige Informationen in einer Weise, die ihre Vorurteile stützt.

2. **Verfügbarkeitsheuristik**: Die Neigung, die Wahrscheinlichkeit oder Häufigkeit eines Ereignisses nach der Leichtigkeit zu beurteilen, mit der Beispiele ins Gedächtnis gerufen werden können. Da lebhafte, emotionale oder kürzliche Ereignisse leichter abrufbar sind, werden solche Ereignisse oft in ihrer Häufigkeit überschätzt. Dies erklärt, warum Menschen die Gefahr spektakulärer, aber seltener Risiken (wie Terroranschläge oder Haiangriffe) überschätzen, während sie alltäglichere Risiken (wie Verkehrsunfälle oder Diabetes) unterschätzen.

3. **Ankereffekt**: Die Tendenz, sich zu stark auf eine initiale Information (den "Anker") zu verlassen, wenn man nachfolgende Urteile fällt. In

Verhandlungen beispielsweise kann das erste genannte Angebot den gesamten Verhandlungsverlauf unverhältnismäßig beeinflussen, selbst wenn dieser anfängliche Wert willkürlich oder extrem ist.

4. **Framing-Effekt**: Die Beobachtung, dass die Art und Weise, wie Informationen präsentiert werden, die Entscheidungen signifikant beeinflusst. Zum Beispiel reagieren Menschen anders auf eine medizinische Behandlung, die als "90% Überlebensrate" beschrieben wird, im Vergleich zu derselben Behandlung, die als "10% Sterberate" dargestellt wird.

5. **Rückschaufehler**: Die Tendenz, nach dem Eintreten eines Ereignisses zu glauben, dass man es hätte vorhersehen können oder sollen. Dieser "Ich wusste es die ganze Zeit"-Effekt verzerrt unsere Einschätzung vergangener Entscheidungen und hindert uns daran, aus Erfahrungen angemessen zu lernen.

6. **Gruppendenken**: Die Tendenz in kohäsiven Gruppen, Konsens anzustreben, was zu einer Unterdrückung abweichender Meinungen und einer kritischen Evaluation von Alternativen führt. Dieser Effekt kann zu irrationalen oder dysfunktionalen Entscheidungen führen, wenn der Wunsch nach Harmonie das kritische Denken übertönt.

7. **Fundamentaler Attributionsfehler**: Die Neigung, das Verhalten anderer durch persönliche Eigenschaften zu erklären, während man situative Faktoren unterschätzt, aber bei der Erklärung des

eigenen Verhaltens situative Faktoren überbewertet. Beispielsweise könnte man den Fehler eines Kollegen seiner Inkompetenz zuschreiben, während man eigene Fehler mit externen Umständen erklärt.

8. **Dunning-Kruger-Effekt**: Die Tendenz inkompetenter Individuen, ihre Fähigkeiten zu überschätzen, während hochkompetente Individuen ihre Fähigkeiten unterschätzen – ein metakognitives Defizit, bei dem mangelnde Fähigkeit mit mangelndem Bewusstsein für diese Inkompetenz einhergeht.

Diese Verzerrungen entstehen nicht zufällig. Viele können als Nebenprodukte ansonsten adaptiver kognitiver Prozesse verstanden werden. Sie spiegeln Kompromisse wider, die während unserer evolutionären Geschichte sinnvoll waren, aber in modernen Kontexten problematisch sein können.

Die Verfügbarkeitsheuristik beispielsweise erlaubt schnelle Urteile basierend auf leicht zugänglichen Informationen – eine nützliche Abkürzung in Umgebungen mit begrenzten Daten oder Berechnungsressourcen. Der Bestätigungsbias kann als Strategie verstanden werden, kognitive Stabilität zu erhalten und mit der Überlastung durch widersprüchliche Informationen umzugehen. Selbst der Optimismus-Bias, unsere Tendenz, positive Ergebnisse für uns selbst überzubewerten, kann adaptiv sein, indem er Durchhaltevermögen und positiven Affekt fördert.

Das Verständnis dieser Verzerrungen ist nicht nur theoretisch interessant, sondern hat wichtige praktische Implikationen. Systematische Denkfehler können zu suboptimalen Entscheidungen in Bereichen von persönlichen Finanzen bis zur öffentlichen Politik führen, von medizinischen Diagnosen bis zu juristischen Urteilen.

Glücklicherweise ist die gleiche Rationalität, die es uns ermöglicht hat, diese Verzerrungen zu identifizieren, auch ein Werkzeug, um sie zu mildern. Durch Bewusstsein für spezifische Verzerrungen, strukturierte Entscheidungsprozesse, externe Hilfen und institutionelle Sicherungen können wir die Auswirkungen kognitiver Verzerrungen reduzieren und rationalere Urteile und Entscheidungen fördern.

Die Erforschung kognitiver Verzerrungen zeigt die paradoxe Natur menschlicher Rationalität – sie ist gleichzeitig fehlbar und selbstkorrigierend, begrenzt und doch fähig, ihre eigenen Grenzen zu erkennen und zu überwinden.

Heuristiken und ihre Fallstricke

Heuristiken sind mentale Abkürzungen oder "Daumenregeln", die komplexe Urteile und Entscheidungen vereinfachen. Sie ermöglichen schnelle, ressourcensparende Antworten auf herausfordernde kognitive Aufgaben. Diese mentalen Shortcuts sind grundlegende Werkzeuge unseres Denkens, aber sie können auch zu systematischen Fehlern führen, wenn sie in unangemessenen Kontexten angewendet werden.

Kahneman und Tversky identifizierten drei fundamentale Heuristiken, die viele unserer intuitiven Urteile leiten:

1. **Verfügbarkeitsheuristik**: Beurteilung der Wahrscheinlichkeit oder Häufigkeit eines Ereignisses danach, wie leicht Beispiele ins Gedächtnis gerufen werden können. Diese Heuristik erlaubt schnelle Schätzungen, führt aber zu Verzerrungen, wenn die Abrufbarkeit nicht die tatsächliche Häufigkeit widerspiegelt.

   Beispiel: Nach Medienberichten über Flugzeugabstürze überschätzen Menschen vorübergehend das Risiko des Fliegens, weil die intensive Berichterstattung solche Ereignisse leichter abrufbar macht.

2. **Repräsentativitätsheuristik**: Beurteilung der Wahrscheinlichkeit, dass A zu Kategorie B gehört, basierend darauf, wie repräsentativ A für B erscheint oder wie ähnlich A dem Prototyp von B ist. Diese Heuristik ignoriert oft relevante statistische Prinzipien wie Basisraten oder Stichprobengröße.

   Beispiel: Wenn jemand als "schüchtern, zurückgezogen und hilfsbereit, mit Interesse an Details" beschrieben wird, schätzen Menschen die Wahrscheinlichkeit, dass diese Person Bibliothekarin (statt Verkäuferin oder Ärztin) ist, als höher ein, selbst wenn es viel mehr Verkäuferinnen als Bibliothekarinnen gibt.

3. **Anker- und Anpassungsheuristik**: Menschen machen Schätzungen, indem sie von einem anfänglichen Wert (dem "Anker") ausgehen und dann unzureichend anpassen. Der Anker kann durch die Formulierung der Aufgabe,

unvollständige Berechnungen oder sogar völlig irrelevante Informationen gesetzt werden.

Beispiel: In Experimenten wurden Teilnehmer gebeten, ein Glücksrad zu drehen (das heimlich auf 10 oder 65 eingestellt war) und dann zu schätzen, wie viel Prozent der UN-Mitgliedsländer afrikanisch sind. Diejenigen, die 10 sahen, gaben im Durchschnitt 25% an, während diejenigen, die 65 sahen, durchschnittlich 45% schätzten.

Seit dieser ursprünglichen Forschung haben Kognitionswissenschaftler zahlreiche weitere Heuristiken identifiziert, darunter:

- **Affektheuristik**: Urteile werden durch emotionale Reaktionen statt durch sorgfältige Bewertung bestimmt.

- **Erkennbarkeitsheuristik**: Objekte oder Namen, die leichter erkannt werden, werden als häufiger oder wichtiger eingeschätzt.

- **Take-the-best-Heuristik**: Entscheidung basierend auf einem einzigen, als am wichtigsten erachteten Unterscheidungsmerkmal.

- **Fluency-Heuristik**: Leichter zu verarbeitende Informationen werden als glaubwürdiger oder wahrer eingeschätzt.

- **Social-Proof-Heuristik**: Bestimmung angemessenen Verhaltens durch Beobachtung, was andere tun.

Diese Heuristiken sind nicht inhärent irrational. Tatsächlich können sie in vielen Kontexten effizient und adaptiv sein. Der Psychologe Gerd Gigerenzer hat argumentiert, dass einfache Heuristiken in realistischen Umgebungen oft genauere Ergebnisse liefern als komplexere Strategien – ein Phänomen, das er "weniger ist mehr" nennt. Seine Forschung zu "Fast-and-Frugal-Heuristiken" zeigt, wie bestimmte Heuristiken, die auf wenigen Informationsstücken basieren, in realen Entscheidungsumgebungen erstaunlich gut funktionieren können.

Wann sind Heuristiken hilfreich und wann werden sie zu Fallstricken? Es hängt von der Übereinstimmung zwischen der Heuristik und der Umgebung ab, in der sie angewendet wird – der sogenannten "ökologischen Rationalität". Heuristiken funktionieren gut, wenn:

- Die Umgebung relativ stabil und vorhersehbar ist

- Feedback schnell und eindeutig ist

- Die Heuristik relevante Aspekte der Umgebung erfasst

- Zeit- oder Ressourcenbeschränkungen umfassendere Analysen verhindern

Heuristiken führen zu Problemen, wenn:

- Die Umgebung sich von der unterscheidet, in der die Heuristik entwickelt wurde

- Die Heuristik irrelevante oder irreführende Merkmale erfasst

- Präzision wichtiger ist als Geschwindigkeit

- Komplexe Kompromisse oder Wahrscheinlichkeiten involviert sind

In der modernen Welt, die sich dramatisch von den Umgebungen unterscheidet, in denen sich unsere kognitiven Systeme entwickelt haben, können wir oft in "Heuristik-Fallstricke" tappen. Marketingfachleute, Politiker und andere nutzen routinemäßig unser Vertrauen in Heuristiken aus, von Werbung, die die Verfügbarkeitsheuristik ausnutzt, bis zu Preisstrategien, die auf Ankereffekten basieren.

Bewusstsein für diese mentalen Abkürzungen ist der erste Schritt, um zu verhindern, dass sie zu Fallstricken werden. Weitere Strategien umfassen:

- **Alternierende Perspektiven**: Bewusst verschiedene Heuristiken oder Analyserahmen auf dasselbe Problem anwenden

- **Statistisches Denken**: Basisraten, Stichprobengrößen und andere statistische Prinzipien berücksichtigen

- **Formale Entscheidungsanalyse**: Für wichtige Entscheidungen strukturierte Methoden nutzen

- **Feedback suchen**: Regelmäßig die Qualität vergangener Urteile überprüfen

- **Entscheidungshilfen**: Externe Werkzeuge oder Algorithmen für Domänen nutzen, in denen Heuristiken notorisch versagen

Das Ziel ist nicht, Heuristiken vollständig zu eliminieren – sie sind unverzichtbare Werkzeuge unseres kognitiven Toolkits – sondern zu lernen, wann man ihnen vertrauen kann und wann eine langsamere, deliberativere Analyse angebracht ist.

Überwindung kognitiver Verzerrungen

Die Erkenntnis, dass unser Denken anfällig für systematische Verzerrungen ist, führt zu einer entscheidenden Frage: Wie können wir diese überwinden? Die Herausforderung ist beträchtlich, da viele kognitive Verzerrungen unbewusst operieren und hartnäckig gegenüber einfacher Aufklärung resistent sind. Dennoch sind verschiedene Strategien auf individueller und kollektiver Ebene entwickelt worden, um rationaleres Denken zu fördern.

Individualstrategien für die Überwindung kognitiver Verzerrungen umfassen:

1. **Metakognitive Bewusstheit** – das Denken über eigenes Denken – ist der erste Schritt. Durch Vertrautheit mit häufigen Verzerrungen können wir anfangen, diese in unserem eigenen Denken zu erkennen. Einige Forschungen legen nahe, dass das bloße Wissen über Verzerrungen deren Einfluss reduzieren kann, obwohl dieser Effekt begrenzt ist.

2. **Überlegtes Verlangsamen** des Denkprozesses kann helfen, impulsive, heuristische Reaktionen zu überwinden. Kahneman beschreibt dies als Aktivierung von "System 2" (langsames, analytisches Denken), um die automatischen Reaktionen von "System 1" (schnelles, intuitives Denken) zu überschreiben. Praktiken wie das Einlegen einer "Bedenkzeit" vor wichtigen Entscheidungen können diesem Zweck dienen.

3. **Gegenargumente erwägen** kann den Bestätigungsbias bekämpfen. Indem man sich

aktiv fragt "Was wäre, wenn ich falsch liege?" oder "Welche Evidenz würde gegen meine Sichtweise sprechen?", kann man einseitige Informationsverarbeitung ausgleichen. Untersuchungen zeigen, dass das Einnehmen einer anderen Perspektive durch "kontrafaktisches Denken" die Qualität von Urteilen verbessern kann.

4. **Quantifizierung und formale Analysen** können intuitive Verzerrungen reduzieren. Die Verwendung expliziter numerischer Werte, Wahrscheinlichkeiten, Entscheidungsbäume oder Kosten-Nutzen-Analysen kann vage, gefühlsbasierte Urteile durch präzisere Evaluationen ersetzen.

5. **Externe Hilfsmittel und Erinnerungen** können kognitive Beschränkungen kompensieren. Checklisten, Entscheidungsalgorithmen, vorformulierte Fragen und andere Werkzeuge können sicherstellen, dass wichtige Faktoren nicht übersehen werden und Entscheidungsprozesse konsistent bleiben.

Soziale und institutionelle Strategien sind oft wirksamer als individuelle Ansätze:

1. **Diverse Teams** können kognitive Verzerrungen reduzieren, da verschiedene Perspektiven und Hintergründe unterschiedliche Blinde Flecken und Präferenzen mit sich bringen. Forschungen zeigen, dass divers zusammengesetzte Gruppen oft bessere Vorhersagen treffen und kreativere Lösungen finden als homogene Gruppen.

2. **Teufeladvokat-Ansätze** institutionalisieren konstruktiven Dissens. Durch die formale Zuweisung einer Rolle, die bestehende Annahmen oder Vorschläge herausfordert, können Organisationen Gruppendenken und übermäßige Zuversicht bekämpfen. Diese Praxis wird in Bereichen von juristischen Verfahren bis zu strategischer Planung angewendet.

3. **Blinde Verfahren** können Voreingenommenheit reduzieren, indem potenziell verzerrende Informationen verborgen werden. Anonymisierte Bewerbungen, doppelt verblindete wissenschaftliche Begutachtungen und andere "Schleier des Nichtwissens" können gerechtere und objektivere Beurteilungen fördern.

4. **Präregistrierung und Vorab-Verpflichtungen** bekämpfen post-hoc-Rationalisierung und Flexibilität in der Analyse. Durch die öffentliche Festlegung auf Hypothesen, Analysemethoden oder Entscheidungskriterien vor dem Erhalt der Ergebnisse werden Verzerrungen wie p-Hacking und HARKing (Hypothesenbildung nach Kenntnis der Ergebnisse) reduziert.

5. **Konstruierte Entscheidungsumgebungen oder "Nudges"** können Entscheidungsarchitekturen schaffen, die natürliche kognitive Tendenzen nutzen, um bessere Ergebnisse zu fördern. Beispielsweise können Opt-out-Systeme für Rentensparpläne Trägheit ausnutzen, um langfristige finanzielle Gesundheit zu fördern.

Technologische Ansätze werden zunehmend erforscht:

1. **Entscheidungsunterstützungssysteme** – von einfachen Algorithmen bis zu komplexen KI-Systemen – können konsistente, datenbasierte Empfehlungen geben, die frei von bestimmten menschlichen Verzerrungen sind (obwohl sie ihre eigenen Probleme mit Algorithmus-Bias haben können).

2. **Feedbacksysteme** können akkuratere Kalibrierung fördern, indem sie zeitnahe, präzise Informationen über die Qualität früherer Urteile liefern, was besonders in Bereichen wertvoll ist, wo natürliches Feedback verzögert oder mehrdeutig ist.

3. **Datenvisualisierungstools** können helfen, komplexe statistische Informationen intuitiv verständlich zu machen und so Verzerrungen zu reduzieren, die aus Schwierigkeiten im Umgang mit abstrakten Statistiken oder großen Datenmengen resultieren.

Bei all diesen Strategien ist wichtig anzumerken, dass das Ziel nicht die vollständige Elimination kognitiver Verzerrungen ist – dies wäre weder möglich noch wünschenswert, da viele Heuristiken, die Verzerrungen verursachen, auch adaptive Funktionen haben. Stattdessen geht es darum, ein metakognitives Bewusstsein zu kultivieren und institutionelle Praktiken zu entwickeln, die rationalere Entscheidungen in wichtigen Kontexten fördern.

Die Überwindung kognitiver Verzerrungen ist selbst ein kontinuierlicher, iterativer Prozess – ein Beispiel für die bemerkenswerte rekursive Natur menschlicher

Rationalität, die ihre eigenen Beschränkungen analysieren und Methoden entwickeln kann, um diese zu überwinden.

Metakognition: Das Denken über das Denken

Metakognition – das Denken über das eigene Denken – ist eine der bemerkenswertesten Fähigkeiten des menschlichen Geistes und ein zentrales Element fortgeschrittener Rationalität. Diese reflexive Kapazität ermöglicht es uns, unsere eigenen kognitiven Prozesse zu beobachten, zu analysieren, zu bewerten und anzupassen, was eine Grundlage für Selbstverbesserung und intellektuelle Entwicklung schafft.

Als psychologisches Phänomen umfasst Metakognition zwei Hauptkomponenten:

1. **Metakognitives Wissen**: Unser explizites Verständnis unserer eigenen kognitiven Prozesse und Grenzen. Dies umfasst:

    o   Deklaratives Wissen über unsere mentalen Fähigkeiten und Einschränkungen

    o   Prozedurales Wissen darüber, wie man effektiv denkt und lernt

    o   Konditionelles Wissen darüber, wann und warum bestimmte kognitive Strategien anzuwenden sind

2. **Metakognitive Regulation**: Die aktive Überwachung und Kontrolle unserer kognitiven Prozesse, einschließlich:

   o   Planung von Denkansätzen vor der Ausführung

   o   Überwachung des Verstehens während einer kognitiven Aktivität

   o   Bewertung der Ergebnisse nach Abschluss einer Denkaufgabe

Die Entwicklung metakognitiver Fähigkeiten beginnt in der Kindheit und setzt sich bis ins Erwachsenenalter fort. Junge Kinder haben begrenzte Einsicht in ihre eigenen mentalen Prozesse, aber mit zunehmendem Alter entwickeln sie ein nuancierteres Verständnis ihrer Denkmuster, Stärken und Schwächen.

Ein wesentliches Merkmal ausgereifter Metakognition ist das **metakognitive Bewusstsein** – die Fähigkeit, eigene Gedanken, Überzeugungen und Gefühle als mentale Repräsentationen zu erkennen, nicht als direkte Reflexionen der Realität. Diese Perspektive, manchmal als "kognitive Dezentrierung" bezeichnet, ermöglicht es uns, unsere eigenen mentalen Inhalte als Objekte der Untersuchung zu betrachten, anstatt vollständig von ihnen absorbiert zu sein.

Metakognition ist eng mit dem Konzept der **epistemischen Bescheidenheit** verbunden – dem Bewusstsein über die Grenzen unseres Wissens und die Fehlbarkeit unserer Überzeugungen. Forschungen zeigen, dass Menschen mit besseren metakognitiven Fähigkeiten genauer einschätzen können, was sie wissen und was nicht, und weniger anfällig für den

Dunning-Kruger-Effekt sind – die Tendenz, die eigene Kompetenz in Bereichen geringen Wissens zu überschätzen.

Praktische Anwendungen metakognitiver Fähigkeiten umfassen:

- **Kalibriertes Vertrauen**: Die Fähigkeit, das Vertrauen in eigene Urteile an ihre tatsächliche Genauigkeit anzupassen. Gut kalibrierte Individuen sind sich sicher, wenn sie recht haben, und unsicher, wenn sie sich irren könnten.

- **Strategische Selbstregulation**: Die Auswahl, Überwachung und Anpassung kognitiver Strategien basierend auf Aufgabenanforderungen und persönlichen Stärken/Schwächen.

- **Lernen lernen**: Die bewusste Entwicklung effektiver Lernstrategien durch Verständnis der eigenen kognitiven Prozesse.

- **Bias-Erkennung**: Die Identifikation möglicher Verzerrungen im eigenen Denken, gefolgt von Korrekturmaßnahmen.

- **Epistemische Hygiene**: Die systematische Überprüfung der Qualität und Herkunft der eigenen Überzeugungen.

Verschiedene metakognitive Techniken wurden entwickelt, um das Denken über das Denken zu verbessern:

1. **Reflektive Journale** erfassen Gedankenprozesse, identifizieren Muster und bewerten die Effektivität von Denkstrategien.

2. **Think-Aloud-Protokolle** verbalisieren Gedankenprozesse während der Problemlösung, was innere Überlegungen explizit und analysierbar macht.

3. **Mentale Simulation** stellt vor, wie man eine Aufgabe angehen würde, bevor man sie tatsächlich in Angriff nimmt, was vorausschauende Planung ermöglicht.

4. **Retrospektive Analyse** überprüft vergangene Denkprozesse, um Stärken zu identifizieren und aus Fehlern zu lernen.

5. **Kognitive Checklisten** bieten strukturierte Rahmen, um blinde Flecken zu identifizieren und wichtige Überlegungen sicherzustellen.

6. **Vorsätzliche Praxis** ist auf die Verbesserung spezifischer kognitiver Fähigkeiten durch gezielte Übung und Feedback ausgerichtet.

7. **Achtsame Aufmerksamkeit** kultiviert Bewusstsein für gegenwärtige Gedanken und mentale Zustände ohne sofortige Beurteilung.

Auf kollektiver Ebene sind **metakognitive Institutionen** entwickelt worden – Systeme und Praktiken, die darauf abzielen, kollektives Denken zu verbessern. Wissenschaftliche Methoden, Peer-Review, juristische Verfahren und deliberative demokratische Prozesse können alle als institutionalisierte Formen metakognitiver Praxis verstanden werden.

Metakognition zeigt eine interessante rekursive Qualität – wir können über unser Denken nachdenken, dann über unser Nachdenken über das Denken nachdenken, und so weiter. Diese Rekursivität ist sowohl eine Stärke als auch eine potenzielle Falle. Einerseits ermöglicht sie immer feinere Kalibrierung und Verbesserung; andererseits kann sie zu endlosen Reflexionsschleifen führen, die praktisches Handeln lähmen können.

Die Kultivierung gesunder metakognitiver Gewohnheiten erfordert eine Balance – genug Reflexion, um Lernen und Verbesserung zu ermöglichen, aber nicht so viel, dass sie konstruktives Denken und Handeln behindert. Diese Balance zu finden ist selbst ein metakognitiver Akt – ein Denken über das optimale Ausmaß des Denkens über das Denken.

Letztendlich ist Metakognition nicht nur ein psychologisches Kuriosum, sondern ein wesentliches Instrument für rationalen Fortschritt. Die Fähigkeit, unsere eigenen Denkprozesse zu überprüfen, ist das, was kontinuierliche intellektuelle Entwicklung ermöglicht – sowohl auf individueller als auch auf kollektiver Ebene. Sie verkörpert die Reflexivität der Vernunft: ihre Fähigkeit, sich auf sich selbst zu richten und sich dadurch selbst zu transformieren und zu verbessern.

Teil III: Komplexe Anwendungen

Kapitel 7: Ethisches Denken

Rationale Grundlagen der Ethik

Kann die Vernunft uns leiten, wie wir handeln sollten? Kann sie uns helfen zu bestimmen, was gut und richtig ist? Diese Fragen stehen im Zentrum der Beziehung zwischen Rationalität und Ethik – einem der grundlegendsten und komplexesten Bereiche philosophischer Untersuchung.

Historisch haben Philosophen verschiedene Positionen zur Rolle der Vernunft in der Ethik eingenommen. Einige, wie David Hume, argumentierten für eine scharfe Trennung zwischen Vernunft und moralischen Urteilen, zusammengefasst in seinem berühmten Diktum, dass man nicht von einem "Sein" auf ein "Sollen" schließen kann – dass faktische Behauptungen allein keine moralischen Schlussfolgerungen rechtfertigen können. Nach dieser Sichtweise ist die Moral letztendlich in Gefühlen oder Leidenschaften verwurzelt, nicht in der Vernunft.

Andere, wie Immanuel Kant, sahen die Vernunft als direkte Quelle moralischer Verpflichtungen. Kant argumentierte, dass moralische Prinzipien a priori durch reine praktische Vernunft erkannt werden können, unabhängig von Erfahrung oder Neigung. Sein "kategorischer Imperativ" – handle nur nach derjenigen Maxime, durch die du zugleich wollen kannst, dass sie ein allgemeines Gesetz werde – sollte ein rein rationales Prinzip sein, das moralische Verpflichtungen bestimmt.

Jenseits dieser historischen Positionen können wir mehrere Wege identifizieren, wie Vernunft ethisches Denken unterstützen kann:

1. **Konzeptuelle Klärung**: Vernunft hilft uns, moralische Konzepte und Prinzipien zu klären und zu analysieren. Zum Beispiel, was bedeutet es, zu sagen, dass etwas "gerecht" oder "fair" ist? Welche Kriterien müssten erfüllt sein? Vernunft kann helfen, diese Begriffe zu präzisieren und Verwirrung oder Mehrdeutigkeit zu reduzieren.

2. **Konsistenzprüfung**: Vernunft erlaubt uns, unsere moralischen Urteile auf Konsistenz zu überprüfen. Wenn wir Handlung A in Situation X als falsch beurteilen, aber eine strukturell ähnliche Handlung B in Situation Y als richtig, verlangt die Vernunft, dass wir entweder einen relevanten Unterschied identifizieren oder eine unserer Beurteilungen revidieren.

3. **Folgenabschätzung**: Vernunft ermöglicht die Vorhersage und Bewertung der wahrscheinlichen Konsequenzen verschiedener Handlungen oder Politiken. Dies ist besonders wichtig für konsequentialistische Ethiktheorien, aber selbst nicht-konsequentialistische Ansätze müssen üblicherweise Folgen in irgendeiner Weise berücksichtigen.

4. **Reflexives Gleichgewicht**: Dieser von John Rawls entwickelte Ansatz beschreibt einen Prozess, bei dem wir zwischen spezifischen moralischen Urteilen und allgemeineren Prinzipien hin und her bewegen, um beides anzupassen, bis wir ein kohärentes Ganzes erreichen. Dies ist ein zutiefst rationaler Prozess des systematischen moralischen Denkens.

5. **Interessenabwägung**: Vernunft kann uns helfen, zwischen konkurrierenden moralischen Ansprüchen oder Interessen abzuwägen, indem sie uns ermöglicht, verschiedene Perspektiven einzunehmen und Prioritäten basierend auf wohldurchdachten Prinzipien zu setzen.

6. **Überprüfung von Argumenten**: Rationales Denken ist entscheidend für die Evaluation der Gültigkeit und Stärke ethischer Argumente, die Identifikation logischer Fehlschlüsse und die Bewertung der Qualität von Beweisen und Begründungen.

Diese Anwendungen der Vernunft in der Ethik werfen jedoch tiefere Fragen über die Grundlagen moralischer Normen auf. Woher stammen letztendlich unsere grundlegendsten ethischen Prinzipien? Mehrere Positionen versuchen, rationale Grundlagen für Ethik zu bieten:

Vertragstheorien betrachten moralische Normen als Ergebnis einer Art Vereinbarung zwischen rationalen Akteuren. In Thomas Hobbes' Version würden rationale, eigennützige Individuen zustimmen, bestimmte Freiheiten aufzugeben, um den Schutz und die Stabilität zu genießen, die ein Gesellschaftsvertrag bietet. Modernere

Versionen, wie John Rawls' "Gerechtigkeit als Fairness", argumentieren, dass rationale Akteure hinter einem "Schleier des Nichtwissens" (der ihre spezifische Position in der Gesellschaft verbirgt) gerechte Prinzipien wählen würden, die Grundfreiheiten schützen und Ungleichheiten nur erlauben, wenn sie den am wenigsten Begünstigten zugutekommen.

Kantianische Ansätze gründen Moral auf Prinzipien, die rationale Akteure notwendigerweise akzeptieren müssten. Für Kant ist die grundlegende Quelle moralischer Verpflichtung die Autonomie – die Fähigkeit rationaler Wesen, sich selbst Gesetze zu geben. Aus dieser Perspektive erfordert Vernunft, dass wir andere autonome Wesen respektieren und sie nie bloß als Mittel, sondern immer zugleich als Zweck behandeln.

Konsequentialistische Theorien wie der Utilitarismus basieren auf dem Prinzip, dass es rational ist, diejenigen Handlungen zu wählen, die das Gesamtwohl maximieren. Diese Position, vertreten von Philosophen wie Jeremy Bentham und John Stuart Mill, argumentiert, dass rationale Überlegung uns zum Schluss führen sollte, dass das Glück oder Wohlergehen aller moralisch gleichermaßen zählt.

Tugendethische Ansätze betonen die Entwicklung von Charaktereigenschaften, die rationalen Akteuren erlauben, in verschiedenen Situationen angemessen zu urteilen und zu handeln. In der aristotelischen Tradition wird praktische Weisheit (phronesis) – die rationale Fähigkeit, Handlungen an spezifische Kontexte anzupassen – als zentral für ethisches Leben angesehen.

Naturrechtstraditionen argumentieren, dass moralische Normen in der Natur (entweder der menschlichen Natur oder der Natur im Allgemeinen) entdeckt werden können. Diese Ansätze behaupten, dass rationale Reflexion über menschliche Natur und menschliche Zwecke uns zu grundlegenden moralischen Einsichten führen kann.

Alle diese Ansätze versuchen, Ethik auf rationalen Fundamenten zu begründen, aber jeder stößt auf signifikante Herausforderungen. Kritiker fragen, ob Vernunft allein ausreichen kann, um substantielle moralische Verpflichtungen zu generieren, oder ob zusätzliche Prämissen – über die menschliche Natur, Interessen, Werte oder Wünsche – notwendig sind, was uns zurück zum "Sein-Sollen-Problem" führt.

Empirische Untersuchungen moralischer Psychologie haben diese Fragen weiter verkompliziert, indem sie die Rolle intuitiver, emotionaler und unbewusster Prozesse in moralischen Urteilen betonen. Forscher wie Jonathan Haidt argumentieren, dass moralische Urteile oft intuitiv und automatisch sind, wobei die Vernunft hauptsächlich zur post-hoc-Rationalisierung dient. Andere, wie Joshua Greene, schlagen ein duales Prozessmodell vor, bei dem sowohl emotionale Reaktionen als auch bewusste, vernünftige Überlegungen moralische Urteile beeinflussen.

Eine nuancierte Sichtweise erkennt, dass Vernunft und Emotion in moralischem Denken komplementär sind. Moralische Intuitionen und Gefühle wie Empathie und Gerechtigkeitssinn liefern oft den motivationalen Treibstoff und anfängliche Anhaltspunkte für moralische Überlegungen. Vernunft kann diese Intuitionen dann überprüfen, verfeinern und systematisieren, um ein konsistenteres und reflektierteres moralisches Framework zu schaffen.

Die Beziehung zwischen Vernunft und Ethik bleibt ein offenes und lebendiges Untersuchungsfeld. Während Vernunft allein vielleicht nicht die letzte Quelle aller moralischen Verpflichtungen ist, ist sie sicherlich ein unersetzliches Werkzeug für ethisches Denken – sie hilft uns, Konsistenz zu wahren, Folgen zu verstehen, konkurrierende Ansprüche abzuwägen und unsere moralischen Intuitionen zu verfeinern, während wir danach streben, gut zu leben und richtig zu handeln.

Konsequentialismus, Deontologie und Tugendethik

Die ethische Landschaft wird typischerweise durch drei Haupttraditionen navigiert: Konsequentialismus, Deontologie und Tugendethik. Jede bietet einen unterschiedlichen Ansatz für rationales ethisches Denken, mit eigenen Stärken und Schwächen. Diese Traditionen sind nicht einfach konkurrierende Theorien; sie repräsentieren komplementäre Dimensionen moralischer Überlegung, die verschiedene Aspekte dessen beleuchten, was es bedeutet, ethisch zu handeln.

Konsequentialismus beurteilt die moralische Richtigkeit von Handlungen ausschließlich nach ihren Konsequenzen oder Ergebnissen. Die prominenteste konsequentialistische Theorie, der Utilitarismus, behauptet, dass Handlungen richtig sind, insofern sie das größtmögliche Glück oder Wohlergehen für die größtmögliche Anzahl produzieren. Diese Position, entwickelt von Philosophen wie Jeremy Bentham und John Stuart Mill im 18. und 19. Jahrhundert, bietet ein scheinbar klares rationales Kriterium für moralische Entscheidungen: Maximiere das Gesamtwohl.

Der konsequentialistische Ansatz hat mehrere rationale Stärken:

- Er gibt ein einziges, klares Prinzip für moralische Entscheidungsfindung

- Er ist zukunftsorientiert und betont praktische Ergebnisse

- Er ist unparteiisch, indem er das Wohlergehen aller gleich bewertet

- Er kann komplexe Kompromisse zwischen konkurrierenden Interessen handhaben

Er steht jedoch auch vor bedeutenden Herausforderungen:

- Schwierigkeiten bei der Vorhersage und Messung aller relevanten Konsequenzen

- Die potenzielle Rechtfertigung von Handlungen, die intuitiv falsch erscheinen (wie die Bestrafung Unschuldiger), wenn sie zu besseren Gesamtergebnissen führen

- Mangelnde Berücksichtigung der Absichten hinter Handlungen

- Die Möglichkeit, individuelle Rechte zugunsten des Gesamtnutzens zu opfern

Deontologische Ethik konzentriert sich auf die inhärente Richtigkeit oder Falschheit von Handlungen selbst, unabhängig von ihren Konsequenzen. Diese Tradition, exemplarisch vertreten durch Immanuel Kant, argumentiert, dass bestimmte Handlungen moralische Pflichten oder Rechte widerspiegeln, die nicht durch Berufung auf bessere Ergebnisse übergangen werden können. Kants Formulierung des kategorischen Imperativs – handle nur nach der Maxime, von der du wollen kannst, dass sie ein allgemeines Gesetz werde – versucht, ein rein rationales Fundament für moralische Pflichten zu etablieren.

Die rationalen Stärken deontologischer Ansätze umfassen:

- Respekt für individuelle Rechte und Würde

- Schutz vor der Instrumentalisierung von Personen für größere Ziele

- Konsistenz und Universalisierbarkeit moralischer Prinzipien

- Berücksichtigung der Absichten und des Charakters moralischer Akteure

Die Herausforderungen beinhalten:

- Potenzielle Rigidität bei der Anwendung absoluter Regeln in komplexen Situationen

- Schwierigkeiten bei der Lösung von Konflikten zwischen verschiedenen Pflichten

- Begrenzte Anleitung bei der Bewertung von konsequenzbezogenen Trade-offs

- Unsicherheit darüber, wie man universelle Prinzipien aus der Vernunft allein ableitet

Tugendethik, mit Wurzeln in der antiken griechischen Philosophie, insbesondere bei Aristoteles, fokussiert sich auf den Charakter und die Tugenden des moralischen Akteurs statt auf einzelne Handlungen oder Regeln. Diese

Tradition fragt: "Was für eine Person sollte ich sein?" anstatt nur "Was sollte ich tun?" Für Aristoteles besteht ein tugendhaftes Leben darin, Exzellenz (aretç) in verschiedenen Aspekten menschlicher Aktivität zu erreichen, geleitet durch praktische Weisheit (phronesis).

Die rationalen Stärken der Tugendethik umfassen:

- Berücksichtigung des gesamten menschlichen Lebens und Charakters

- Anerkennung der Rolle von Motivation, Emotion und Disposition in der Ethik

- Sensibilität für den spezifischen Kontext ethischer Entscheidungen

- Integration moralischer Überlegungen mit Fragen des Gedeihens und der Lebensqualität

Die Herausforderungen beinhalten:

- Weniger klare Handlungsanleitung in spezifischen Dilemmas

- Potenzielle Subjektivität in der Charakterisierung von Tugenden

- Fragen zur kulturellen Relativität tugendhafter Eigenschaften

- Spannungen zwischen konkurrierenden Tugenden

Diese ethischen Traditionen wurden oft als rivalisierende Frameworks präsentiert, aber sie können auch als komplementäre Perspektiven verstanden werden, die verschiedene Aspekte moralischer Überlegung beleuchten. Ein vollständiges rationales Verständnis von Ethik mag Elemente aller drei integrieren:

- Ein Fokus auf Konsequenzen erinnert uns daran, dass ethisches Handeln letztendlich darauf abzielen sollte, die Welt zu verbessern

- Ein deontologischer Rahmen schützt wesentliche Rechte und Würde vor Instrumentalisierung

- Eine tugendethische Perspektive betont die Entwicklung von Charakter und praktischer Weisheit, die für ethische Entscheidungsfindung wesentlich sind

In der Praxis basieren die meisten praktischen ethischen Frameworks auf einer Integration dieser Traditionen. Zum Beispiel kombiniert die Prinzipienethik in der Bioethik Elemente aller drei Ansätze, mit Prinzipien wie Nichtschaden (Konsequenzen), Respekt für Autonomie (deontologisch) und Fürsorge (tugendhaft).

Die wissenschaftliche Erforschung der moralischen Psychologie deutet darauf hin, dass unser intuitives moralisches Denken tatsächlich diese verschiedenen Dimensionen umfasst. Menschen scheinen sowohl Konsequenzen zu berücksichtigen, als auch regelbasierte Prinzipien und charakterbezogene Urteile, wenn sie moralische Situationen navigieren. Joshua Greenes Forschung schlägt beispielsweise vor, dass wir sowohl schnelle, intuitive Reaktionen auf moralische Situationen haben (oft mit deontologischen oder tugendethischen Überlegungen übereinstimmend) als auch langsamere, kalkuliertere Prozesse, die konsequentialistische Überlegungen betonen.

Aus dieser integrativen Perspektive könnte das rationalste ethische Framework eines sein, das diese verschiedenen moralischen Überlegungen angemessen balanciert – das die Bedeutung von Wohlergehen anerkennt, ohne individuelle Rechte zu opfern; das moralische Pflichten respektiert, ohne rigide zu werden; und das den Charakter und die Tugenden pflegt, die ethische Weisheit in komplexen Situationen informieren.

Moralische Dilemmata und rationale Analyse

Moralische Dilemmata – Situationen, in denen konkurrierende ethische Überlegungen zu unterschiedlichen, scheinbar unvereinbaren Handlungsrichtungen ziehen – stellen einige der größten Herausforderungen für rationales ethisches Denken dar. Sie zwingen uns, unsere moralischen Intuitionen, Prinzipien und Werte zu konfrontieren und zu verfeinern, oft ohne offensichtlich richtige Antworten.

Klassische moralische Dilemmas wie das Trolley-Problem und seine Varianten haben sich als fruchtbar für die Erforschung der Struktur ethischen Denkens erwiesen. In der Standardversion des Trolley-Problems rast ein führerloser Trolley auf fünf Menschen zu, die getötet werden, wenn nichts unternommen wird. Sie können eine Weiche umstellen, um den Trolley auf ein anderes Gleis umzuleiten, wo er eine Person töten wird. Viele Menschen halten es für akzeptabel, in diesem Fall die Weiche umzustellen. In der "Fußgängerbrücken"-Variante könnten Sie die fünf Menschen nur retten, indem Sie eine große Person von einer Brücke stoßen, damit ihr Körper den Trolley stoppt. Hier halten die meisten Menschen die Handlung für inakzeptabel, trotz des gleichen numerischen Ergebnisses.

Solche Dilemmas enthüllen Spannungen zwischen verschiedenen moralischen Prinzipien:

- Konsequentialistische Überlegungen (fünf Leben versus ein Leben retten)

- Deontologische Prinzipien (aktives Schaden versus passives Zulassen von Schaden)

- Unterschiede zwischen beabsichtigten und bloß vorhergesehenen Konsequenzen (Doktrin des doppelten Effekts)

- Fragen zur moralischen Relevanz von Nähe, Direktheit und persönlicher Beteiligung

Jenseits abstrakter philosophischer Gedankenexperimente konfrontieren reale moralische Dilemmata uns mit komplexen Fragen in Bereichen wie:

- **Medizinische Ethik**: Aufteilung knapper Ressourcen (wie Organe für Transplantationen), Abwägung von Patientenautonomie gegen Nichtverletzung, Entscheidungen am Lebensende

- **Umweltethik**: Balancieren unmittelbarer menschlicher Bedürfnisse gegen langfristige ökologische Nachhaltigkeit, Verpflichtungen gegenüber zukünftigen Generationen

- **Wirtschaftsethik**: Abwägen von Effizienz gegen Gerechtigkeit, individuelle Freiheit gegen Gemeinwohl, kurzfristigen Gewinn gegen langfristige Verantwortung

- **Technologieethik**: Navigieren der Spannung zwischen Innovation und Vorsicht, Freiheit und Sicherheit, Bequemlichkeit und Privatsphäre

Wie können wir Vernunft einsetzen, um solche Dilemmata zu navigieren? Mehrere Ansätze bieten strukturierte Rahmen für die rationale Analyse:

1. **Prinzipienbasierte Analyse** identifiziert die relevanten ethischen Prinzipien (wie Autonomie, Nichtverletzung, Gerechtigkeit, Wohlwollen) und evaluiert, wie sie im spezifischen Kontext angewandt und balanciert werden sollten. Dieser Ansatz, exemplifiziert durch Beauchamp und Childress' Prinzipienethik in der Bioethik, versucht, konkurrierende moralische Überlegungen in einem kohärenten Framework zu integrieren.

2. **Kasuistik** (fallbasierte Analyse) beginnt mit klaren paradigmatischen Fällen und arbeitet hin zu schwierigeren Fällen durch Analogie und Unterscheidung. Dieser Ansatz, der in Rechtssystemen und klinischer Ethik weit verbreitet ist, nutzt etablierte Präzedenzfälle, um neue Dilemmas zu navigieren.

3. **Reflexives Gleichgewicht**, entwickelt von John Rawls, strebt einen Kohärenzzustand an, in dem spezifische Urteile und allgemeine Prinzipien gegenseitig angepasst werden, um ein konsistentes moralisches Framework zu schaffen. Dieser Prozess beinhaltet das Hin- und Herbewegen zwischen konkreten Intuitionen und abstrakten Prinzipien, wobei beide in Richtung größerer Kohärenz revidiert werden.

4. **Mehrkriterienanalyse** formalisiert relevante ethische Faktoren, weist ihnen Gewichtungen zu und evaluiert verschiedene Handlungsoptionen systematisch. Dieser quantitativere Ansatz versucht, die verschiedenen Dimensionen ethischer Beurteilung explizit zu machen.

5. **Deliberative Verfahren** nutzen strukturierte Diskussion zwischen verschiedenen Interessengruppen, um die komplexen Dimensionen moralischer Dilemmata zu erforschen. Ansätze wie Diskursethik (Habermas) und demokratische Deliberation betonen die Bedeutung inklusiver, respektvoller Diskussion in der Adressierung schwieriger ethischer Fragen.

Unabhängig vom spezifischen Rahmen umfasst eine gründliche rationale Analyse eines moralischen Dilemmas typischerweise:

- **Identifikation aller relevanten Fakten** des Falls, einschließlich Kontext und potenzieller Konsequenzen verschiedener Handlungsoptionen

- **Klärung der Werte und Interessen** der verschiedenen betroffenen Parteien

- **Artikulation der relevanten ethischen Prinzipien** und wie sie auf den Fall angewandt werden könnten

- **Erkundung möglicher Lösungen**, einschließlich kreativer Ansätze, die über offensichtliche Dichotomien hinausgehen

- **Bewertung der Argumente** für und gegen verschiedene Handlungsoptionen

- **Reflexion über die Konsistenz** der vorgeschlagenen Lösung mit anderen akzeptierten ethischen Urteilen

Es ist wichtig anzumerken, dass rationale Analyse allein möglicherweise nicht zu einer einzelnen, eindeutig richtigen Antwort für jedes moralische Dilemma führt. In einigen Fällen kann es legitime moralische Meinungsverschiedenheiten geben, selbst unter vollständig informierten, reflektierenden, rationalen Agenten. Situationen echter "Tragödie" können auftreten, in denen jede verfügbare Option moralische Kosten mit sich bringt und ein "sauberer" Ausweg unmöglich ist.

Dennoch kann rationale Analyse selbst in solchen schwierigen Fällen mehrere Werte haben:

- Sie hilft, falsche Dilemmata zu eliminieren, die aus faktischen Missverständnissen oder logischen Fehlern entstehen

- Sie kann versteckte Optionen oder kreative Lösungen aufdecken, die das ursprüngliche Dilemma umgehen

- Sie fördert Verständnis für die Komplexität der Situation und Respekt für die verschiedenen involvierten Werte

- Sie kann zur Entwicklung besserer institutioneller Strukturen beitragen, die solche Dilemmata in der Zukunft reduzieren

Die rationale Erkundung moralischer Dilemmata ist nicht nur ein intellektuelles Unterfangen, sondern ein praktisch wichtiges. Indem wir uns mit schwierigen ethischen Fragen auf strukturierte, reflektierte Weise auseinandersetzen, können wir sowohl die Qualität unserer moralischen Entscheidungen verbessern als auch unsere ethische Verständnisfähigkeit selbst entwickeln.

Universalisierbarkeit moralischer Prinzipien

Eine fundamentale Einsicht verschiedener ethischer Traditionen ist die Idee, dass moralische Prinzipien, um rational vertretbar zu sein, in irgendeinem Sinne universalisierbar sein müssen – sie müssen konsistent und ohne Selbstwiderspruch auf alle relevanten Situationen und Personen anwendbar sein. Dieses Konzept der Universalisierbarkeit erscheint in verschiedenen Formen in philosophischen Traditionen weltweit und bietet ein kritisches Werkzeug für rationales ethisches Denken.

Immanuel Kant lieferte die wohl einflussreichste Formulierung dieses Prinzips in seinem kategorischen Imperativ: "Handle nur nach derjenigen Maxime, durch die du zugleich wollen kannst, dass sie ein allgemeines Gesetz werde." Für Kant ist die Universalisierbarkeit der Schlüsseltest für moralische Maximen. Eine vorgeschlagene Handlungsregel scheitert an diesem Test, wenn sie nicht konsistent als universelles Gesetz gedacht werden kann – entweder weil sie einen logischen Widerspruch erzeugt oder weil ein rationaler Akteur eine Welt, in der alle nach dieser Maxime handeln, nicht wollen könnte.

Zum Beispiel kann die Maxime "Mache falsche Versprechen, wenn es zu deinem Vorteil ist" nicht universalisiert werden, da in einer Welt, in der jeder diese Maxime befolgte, das Konzept eines "Versprechens" seine Bedeutung verlieren würde – niemand würde Versprechen glauben, und die Institution des Versprechens selbst würde zusammenbrechen. Die Maxime untergräbt also ihre eigene Möglichkeitsbedingung, wenn universalisiert.

Der grundlegende rationale Kern der Universalisierbarkeit findet sich in verschiedenen Formen in vielen ethischen Traditionen:

- Die **Goldene Regel** ("Behandle andere so, wie du von ihnen behandelt werden möchtest"), die in zahlreichen religiösen und philosophischen Traditionen erscheint, ist eine intuitive Version des Universalisierbarkeitsprinzips.

- John Rawls' **Schleier des Nichtwissens** ist ein Gedankenexperiment, das Universalisierbarkeit durch eine hypothetische Situation implementiert, in der Individuen Gerechtigkeitsprinzipien wählen, ohne zu wissen, welche Position sie in der resultierenden Gesellschaft einnehmen werden.

- R.M. Hares **präskriptiver Universalismus** argumentiert, dass moralische Urteile ihrer Natur nach sowohl präskriptiv (handlungsleitend) als auch universalisierbar sind – sie müssen auf alle ähnlichen Situationen angewendet werden, unabhängig davon, welche Rolle man spielt.

- Peter Singers **Präferenzutilitarismus** basiert auf dem Prinzip der gleichen Berücksichtigung von Interessen – die Idee, dass bei moralischen Überlegungen die Interessen jedes betroffenen Wesens gleich gewichtet werden sollten.

- Jürgen Habermas' **Diskursethik** lokalisiert moralische Universalität in den Bedingungen idealer Kommunikation – moralische Normen sind gültig, wenn sie die Zustimmung aller Betroffenen in einem idealen Diskurs finden könnten.

Alle diese Ansätze teilen die Kernidee, dass moralische Prinzipien eine Form von Unparteilichkeit oder Universalität verkörpern müssen – sie können nicht willkürlich zwischen ähnlichen Fällen unterscheiden oder privilegierte Ausnahmen für bestimmte Individuen (einschließlich des Selbst) schaffen.

Die rationale Kraft der Universalisierbarkeit liegt in ihrer Verbindung zu logischer Konsistenz. Wenn moralische Prinzipien rationale Handlungsgründe liefern sollen, müssen diese Gründe eine gewisse Konsistenz über verschiedene Situationen und Perspektiven hinweg aufweisen. Die Weigerung, universalisierbare Prinzipien anzunehmen, impliziert eine Form moralischer Willkür, die mit rationaler Rechtfertigung unvereinbar ist.

Dies bedeutet nicht, dass jedes moralische Prinzip auf alle Situationen ohne Berücksichtigung relevanter Unterschiede angewendet werden muss. Universalisierbarkeit erfordert, dass wir ähnliche Fälle ähnlich behandeln, aber erlaubt auch, relevante Unterschiede zu berücksichtigen. Die Herausforderung liegt darin, zu bestimmen, welche Unterschiede moralisch relevant sind – eine Aufgabe, die selbst rationale Analyse erfordert.

Trotz seiner Attraktivität steht das Universalisierbarkeitsprinzip vor verschiedenen Herausforderungen:

1. **Die Spezifikationsfrage**: Wie genau sollten die zu universalisierenden Maximen oder Prinzipien spezifiziert werden? Je detaillierter eine Maxime formuliert wird, desto weniger einschränkend wird oft der Universalisierbarkeitstest.

2. **Kultureller und moralischer Relativismus**: Kritiker argumentieren, dass moralische Prinzipien nur innerhalb spezifischer kultureller Kontexte Sinn ergeben und dass der Versuch, universelle ethische Grundsätze zu etablieren, eine Form des Imperialismus darstellen könnte.

3. **Partikularistische Einwände**: Moralische Partikularisten argumentieren, dass ethisches Denken von Fall zu Fall auf spezifische Situationen angewendet werden sollte, ohne notwendigerweise allgemeinen Prinzipien zu folgen.

4. **Praktische Anwendungsfragen**: Selbst wenn wir universalisierbare Prinzipien identifizieren, können wir immer noch mit schwierigen Fragen konfrontiert sein, wie diese Prinzipien in komplexen, realen Situationen angewendet werden sollen.

In der Praxis kann Universalisierbarkeit am besten als regulatives Ideal verstanden werden – ein Standard, nach dem wir streben, selbst wenn wir ihn nie vollständig erreichen. Es dient als kritisches Werkzeug, um potenzielle Inkonsistenzen, willkürliche Unterscheidungen oder ungerechtfertigte Ausnahmen in unserem moralischen Denken zu identifizieren.

Universalisierbarkeit hilft uns, eine grundlegende moralische Einsicht zu formalisieren: Aus einer unparteiischen Perspektive gibt es keinen intrinsischen Grund, warum die Interessen oder Rechte einer Person mehr zählen sollten als die einer anderen. Diese Einsicht – dass moralische Gründe eine Form von Allgemeinheit oder Unparteilichkeit besitzen – scheint in moralischen Traditionen über kulturelle und historische Grenzen hinweg zu erscheinen, was darauf hindeutet, dass sie möglicherweise einen universellen Aspekt des rationalen moralischen Denkens darstellt.

Kapitel 8: Rationaler Diskurs

Argumentationstheorie

Argumentation – der Austausch von Gründen für und gegen Aussagen, Überzeugungen oder Handlungen – ist eine fundamentale Form menschlicher Rationalität. Die Argumentationstheorie untersucht die Struktur, Typen, Standards und Kontexte von Argumenten, um zu verstehen, was rationale Überzeugung und produktiven Dialog konstituiert.

Im Kern ist ein Argument eine Gruppe von Aussagen (Prämissen), die vorgebracht werden, um eine andere Aussage (die Konklusion) zu stützen oder zu etablieren. Die Beziehung zwischen Prämissen und Konklusion kann verschiedene Formen annehmen, die zu unterschiedlichen Arten von Argumenten führen:

Deduktive Argumente beanspruchen, dass ihre Konklusionen mit Sicherheit aus ihren Prämissen folgen. Wenn die Prämissen wahr sind, muss die Konklusion wahr sein. Deduktive Argumente werden typischerweise nach ihrer Gültigkeit (ob die Konklusion logisch aus den Prämissen folgt) und Soundness (ob das Argument sowohl gültig ist als auch wahre Prämissen hat) beurteilt. Klassische deduktive Argumentformen umfassen:

- **Modus Ponens**: Wenn P, dann Q; P ist wahr; daher ist Q wahr.

- **Modus Tollens**: Wenn P, dann Q; Q ist nicht wahr; daher ist P nicht wahr.

- **Disjunktiver Syllogismus**: Entweder P oder Q; P ist nicht wahr; daher ist Q wahr.

- **Hypothetischer Syllogismus**: Wenn P, dann Q; wenn Q, dann R; daher wenn P, dann R.

Induktive Argumente beanspruchen, dass ihre Konklusionen wahrscheinlich basierend auf ihren Prämissen sind. Sie werden nach der Stärke der Wahrscheinlichkeit beurteilt, die sie etablieren. Induktive Argumenttypen umfassen:

- **Generalisierung** aus spezifischen Beispielen zu einer allgemeinen Schlussfolgerung

- **Statistische Syllogismen**, die von Gruppeneigenschaften auf Individuen schließen

- **Analogie-Argumente**, die relevante Ähnlichkeiten zwischen Fällen identifizieren

- **Kausale Argumente**, die versuchen, Ursache-Wirkungs-Beziehungen zu etablieren

Abduktive Argumente (manchmal "Schlussfolgerung auf die beste Erklärung" genannt) schlagen eine plausible Erklärung für beobachtete Phänomene vor. Diese Form des Schließens ist in Wissenschaft, Medizin und Alltagsdenken üblich. Abduktive Argumente werden nach Kriterien wie Erklärungskraft, Einfachheit, Kohärenz mit vorhandenem Wissen und Fruchtbarkeit beurteilt.

Die Analyse der Argumentstruktur kann in Diagrammform dargestellt werden, die die Beziehungen zwischen Prämissen und die Wege zur Konklusion visualisiert. Solche Diagramme können einfache "verkettete" Argumente zeigen, wo jede Prämisse zur Konklusion beiträgt, oder komplexere "konvergente" oder "divergente" Strukturen, wo multiple Argumentlinien präsentiert werden.

Die Beurteilung von Argumenten umfasst sowohl ihre logische Struktur als auch die Qualität ihrer Prämissen:

- **Relevanz**: Tragen die Prämissen tatsächlich zur Etablierung der Konklusion bei?

- **Akzeptabilität**: Sind die Prämissen glaubwürdig oder gut unterstützt?

- **Suffizienz**: Bieten die Prämissen, selbst wenn akzeptiert, genügend Unterstützung für die Konklusion?

Diese Kriterien, manchmal als das "RAS-Modell" bezeichnet, bieten einen pragmatischen Rahmen für Argumentbewertung in realen Kontexten.

Jenseits formaler Struktur existieren Argumente in sozialen und dialogischen Kontexten. Die Pragma-Dialektik, entwickelt von Frans van Eemeren und Rob Grootendorst, betrachtet Argumentation als eine Form des Dialogs mit dem Ziel, Meinungsverschiedenheiten zu lösen. Dieser Ansatz definiert Regeln für "kritische Diskussion", einschließlich Freiheit, Prämissen zu hinterfragen, Verpflichtung zur Verteidigung behaupteter Standpunkte und faire Charakterisierung gegnerischer Positionen.

Argumentationstheorie erkennt verschiedene Dialogkontexte an, die unterschiedliche Standards und Ziele haben können:

- **Kritische Diskussion** zielt darauf ab, die Wahrheit oder Rechtfertigung von Behauptungen zu bestimmen

- **Verhandlung** sucht nach einer akzeptablen Kompromisslösung zwischen konkurrierenden Interessen

- **Erkundungsdialog** fokussiert darauf, Informationen zu sammeln oder eine Situation zu verstehen

- **Deliberation** zielt darauf ab, die beste Handlungsoption für ein praktisches Problem zu bestimmen

- **Eristische Dialoge** (wie Debatten) zielen auf rhetorischen Sieg, nicht notwendigerweise auf Wahrheitsfindung

Die Argumentationstheorie hat sich in den letzten Jahrzehnten zu einem interdisziplinären Feld entwickelt, das Erkenntnisse aus Philosophie, Linguistik, Psychologie, Rechtswissenschaft, Kommunikationsstudien und Computerwissenschaft integriert. Diese Vielfalt spiegelt die zentrale Rolle der Argumentation in zahlreichen Domänen menschlicher Aktivität wider.

Neue Forschungsrichtungen umfassen:

- **Computergestützte Argumentation**, die formale Modelle für Argumentanalyse und -evaluation entwickelt

- **Visuelle Argumentation**, die untersucht, wie Bilder und andere nicht-verbale Elemente in Argumenten funktionieren

- **Virtuelle Argumentation**, die die Dynamik des Argumentierens in digitalen Umgebungen erforscht

- **Kognitive Ansätze**, die untersuchen, wie Menschen tatsächlich Argumente verarbeiten und beurteilen

Argumentationstheorie hat wichtige praktische Anwendungen, von der Verbesserung kritischen Denkens in Bildungskontexten bis zur Gestaltung besserer Deliberationsprozesse für demokratische Entscheidungsfindung. Sie bietet Werkzeuge für die Analyse und Evaluation von Argumenten in Bereichen wie Recht, Politik, Wissenschaft, Wirtschaft und Alltagsdiskurs.

In diesem Sinne kann die Argumentationstheorie als Metarationalität betrachtet werden – ein Rahmen für das Verständnis und die Verbesserung der Prozesse rationalen

Austauschs selbst. Indem sie die Normen und Praktiken der Argumentation klärt, hilft sie, die Qualität kollektiver Vernunft zu verbessern.

Rhetorische Strukturen und Fehlschlüsse

Rhetorik, die Kunst der persuasiven Kommunikation, steht in einer komplexen Beziehung zur Rationalität. Einerseits können rhetorische Techniken genutzt werden, um rationale Argumente effektiver zu präsentieren und zu kommunizieren. Andererseits können sie auch eingesetzt werden, um logische Schwächen zu verschleiern und zu überzeugen, ohne auf rationale Grundlagen zu bauen. Das Verständnis rhetorischer Strukturen und Fehlschlüsse ist daher entscheidend für die kompetente Teilnahme am rationalen Diskurs.

Rhetorische Strukturen sind Muster der Organisation und Präsentation, die entwickelt wurden, um Argumente überzeugender zu machen. Die klassische Rhetorik, formalisiert von Denkern wie Aristoteles, identifiziert drei primäre Überzeugungsmittel:

1. **Logos** appelliert an Logik und Vernunft. Es umfasst die Präsentation von Beweisen, Beispielen, Statistiken und logischen Argumenten.

2. **Ethos** appelliert an die Glaubwürdigkeit oder Autorität des Sprechers. Es kann durch Demonstration von Expertise, Fairness, gutem Charakter und geteilten Werten etabliert werden.

3. **Pathos** appelliert an Emotionen und Werte des Publikums. Es kann durch lebhafte Sprache, Narrative und Bilder erzeugt werden, die emotionale Reaktionen hervorrufen.

In der traditionellen Rhetorik werden Reden typischerweise in mehrere Teile strukturiert:

- **Exordium** (Einleitung): Gewinnt die Aufmerksamkeit und das Wohlwollen des Publikums

- **Narratio** (Darstellung): Präsentiert die relevanten Fakten und den Hintergrund

- **Propositio** (These): Stellt die zentrale Behauptung oder Position dar

- **Confirmatio** (Bekräftigung): Bietet Argumente und Beweise zur Unterstützung der These

- **Refutatio** (Widerlegung): Antizipiert und adressiert Gegenargumente

- **Peroratio** (Schlussfolgerung): Fasst die Hauptpunkte zusammen und appelliert an das Publikum

Modernere rhetorische Analysen haben zusätzliche persuasive Strukturen identifiziert, wie:

- **Narrative Strukturen**, die Informationen in Form einer Geschichte mit Charakteren, Konflikten und Auflösungen präsentieren

- **Problem-Lösungs-Muster**, die ein Problem identifizieren und dann eine bevorzugte Lösung anbieten

- **Vergleichsstrukturen**, die Ähnlichkeiten oder Kontraste zwischen Konzepten, Plänen oder Situationen hervorheben

- **Klimax-Arrangements**, die Punkte in aufsteigender Bedeutung oder Überzeugungskraft präsentieren

- **Antithese**, die kontrastierende Ideen nebeneinander stellt, um die bevorzugte Option hervorzuheben

Diese rhetorischen Strukturen sind nicht inhärent irrational. Tatsächlich können sie dazu beitragen, rationale Argumente zugänglicher, verständlicher und überzeugender zu machen. Problematisch werden sie nur, wenn sie verwendet werden, um mangelhafte Argumente zu verschleiern oder emotionale Reaktionen anstelle rationaler Beurteilung hervorzurufen.

Logische Fehlschlüsse hingegen sind fehlerhafte Argumentationsmuster, die ungültig oder trügerisch sind, aber überzeugend erscheinen können. Diese können in formale Fehlschlüsse (die die Regeln gültigen logischen Schließens verletzen) und informale Fehlschlüsse (die andere Aspekte rationalen Arguments verletzen) kategorisiert werden.

Häufige formale Fehlschlüsse umfassen:

- **Bejahung der Konsequenz**: "Wenn P, dann Q; Q ist wahr; daher ist P wahr." (Eine ungültige Umkehrung des Modus Ponens)

- **Verneinung des Antezedens**: "Wenn P, dann Q; P ist falsch; daher ist Q falsch." (Eine ungültige Umkehrung des Modus Tollens)

- **Unverteilter Mittelbegriff**: Ein Syllogismus, bei dem der Mittelbegriff nicht mindestens einmal in seiner Gesamtheit verwendet wird.

- **Vier-Term-Fehlschluss**: Ein Syllogismus, der mehr als drei Begriffe verwendet.

Informale Fehlschlüsse sind vielfältiger und umfassen:

Relevanzbezogene Fehlschlüsse:

- **Ad Hominem**: Angriff auf die Person statt auf ihr Argument

- **Appeal to Authority**: Akzeptanz einer Behauptung nur aufgrund der Quelle

- **Appeal to Popularity**: Annahme, dass eine Behauptung wahr ist, weil viele sie glauben

- **Appeal to Tradition**: Rechtfertigung aufgrund historischer Praxis

- **Red Herring**: Einführung irrelevanter Themen, um vom Hauptargument abzulenken

- **Strohmann-Argument**: Falsche Darstellung einer Position, um sie leichter zu widerlegen

Kausalbezogene Fehlschlüsse:

- **Post hoc ergo propter hoc**: Annahme, dass zeitliche Abfolge Kausalität impliziert

- **Slippery Slope**: Behauptung, dass ein kleiner Schritt unvermeidlich zu extremen Konsequenzen führen wird

- **False Cause**: Identifikation einer falschen Ursache für ein Ereignis

- **Complex Cause**: Vereinfachung einer multifaktoriellen Situation auf eine einzelne Ursache

Falsche oder manipulierte Daten:

- **Cherry Picking**: Selektive Verwendung von Beweisen, die die eigene Position stützen

- **False Dilemma**: Präsentation einer künstlichen Wahl zwischen zwei Alternativen, wenn weitere existieren

- **Hasty Generalization**: Ziehen einer allgemeinen Schlussfolgerung aus unzureichenden Beispielen

- **Anekdotische Evidenz**: Übermäßiges Vertrauen auf persönliche Geschichten statt auf systematische Daten

Sprachbezogene Fehlschlüsse:

- **Äquivokation**: Wechsel der Bedeutung eines Begriffs innerhalb eines Arguments

- **Vage Sprache**: Verwendung unklarer Begriffe, die multiple Interpretationen erlauben

- **Loaded Question**: Einbetten einer unbewiesenen Annahme in eine Frage

- **Appeal to Emotion**: Manipulation von Gefühlen anstelle von Präsentation rationaler Gründe

Das Studium von Fehlschlüssen ist nicht nur ein akademisches Unterfangen, sondern ein praktisches Werkzeug für besseres kritisches Denken. Das Erkennen häufiger Fehlschlussmuster kann helfen, problematische

Argumente in politischem Diskurs, Werbung, Medienberichterstattung und alltäglichen Diskussionen zu identifizieren.

Es ist jedoch wichtig zu beachten, dass die Identifikation möglicher Fehlschlüsse nicht das Ende der Analyse sein sollte. Manchmal können Argumente, die oberflächlich wie Fehlschlüsse erscheinen, in einem breiteren Kontext vernünftig sein. Zum Beispiel ist nicht jeder Appell an Autorität fehlerhaft – in angemessenen Kontexten ist das Vertrauen auf echte Expertise vernünftig. Die Herausforderung besteht darin, zwischen legitimen und irreführenden Verwendungen solcher Argumentmuster zu unterscheiden.

Die Beziehung zwischen Rhetorik und Rationalität ist daher nuanciert. Effektive rhetorische Präsentation kann rationalen Diskurs unterstützen, indem sie komplexe Ideen zugänglich macht und Aufmerksamkeit auf wichtige Argumente lenkt. Aber ohne Verpflichtung zu logischer Kohärenz und evidenzbasiertem Denken kann Rhetorik zu einem Werkzeug der Manipulation werden. Der rationale Diskurs gedeiht am besten, wenn er sowohl logisch rigoros als auch rhetorisch effektiv ist – wenn er sowohl den Standards kritischen Denkens entspricht als auch für das menschliche Verständnis und die menschliche Motivation zugänglich ist.

Der ideale Diskurs nach Habermas

Jürgen Habermas, ein führender Philosoph der Frankfurter Schule, hat einen der einflussreichsten Ansätze zum Verständnis der Beziehung zwischen Rationalität und Kommunikation entwickelt. Seine Theorie des kommunikativen Handelns und seine Konzeption des "idealen Diskurses" bieten ein normatives

Modell rationaler Kommunikation, das tiefgreifende Implikationen für unser Verständnis von Demokratie, Recht, Moral und sozialer Koordination hat.

Im Zentrum von Habermas' Denken steht die Unterscheidung zwischen zwei grundlegenden Handlungstypen:

1. **Strategisches Handeln**, bei dem Kommunikation instrumentell eingesetzt wird, um vorgegebene Ziele zu erreichen, typischerweise durch Beeinflussung anderer.

2. **Kommunikatives Handeln**, das auf gegenseitiges Verständnis und rationale Zustimmung abzielt, wobei die Teilnehmer ihre Handlungspläne durch Argumentation und Konsensbildung koordinieren.

Während strategisches Handeln in vielen Kontexten angemessen ist (wie in wirtschaftlichen Transaktionen), argumentiert Habermas, dass kommunikatives Handeln für die grundlegende soziale Integration und die Legitimität demokratischer Ordnungen wesentlich ist.

Kommunikatives Handeln beruht auf dem, was Habermas "diskursive Rationalität" nennt – einer Form der Vernunft, die in den Strukturen sprachlicher Kommunikation selbst verwurzelt ist. Wenn wir kommunizieren, erheben wir implizit bestimmte "Geltungsansprüche":

- **Wahrheitsansprüche** bezüglich der objektiven Welt (dass unsere faktischen Aussagen zutreffen)

- **Richtigkeitsansprüche** bezüglich der sozialen Welt (dass unsere Handlungen normativ angemessen sind)

- **Wahrhaftigkeitsansprüche** bezüglich der subjektiven Welt (dass wir aufrichtig in der Äußerung unserer Gefühle und Absichten sind)

- **Verständlichkeitsansprüche** bezüglich der Kommunikation selbst (dass unsere Äußerungen grammatisch und semantisch verständlich sind)

In alltäglicher Kommunikation werden diese Ansprüche typischerweise stillschweigend akzeptiert. Wenn sie jedoch in Frage gestellt werden, können wir in einen expliziten "Diskurs" übergehen, in dem diese Ansprüche argumentativ geprüft werden.

Der **ideale Diskurs** (oder die "ideale Sprechsituation") ist Habermas' normatives Modell der Bedingungen, unter denen solche Ansprüche fair und rational evaluiert werden können. Diese idealen Bedingungen umfassen:

1. **Inklusion und Gleichheit**: Alle potenziell Betroffenen müssen als gleichberechtigte Teilnehmer am Diskurs teilnehmen können.

2. **Freiheit von Zwang**: Die Teilnehmer müssen frei von externem Druck oder Manipulation sein, sodass nur die "zwanglose Kraft des besseren Arguments" zählt.

3. **Offenheit**: Jeder Teilnehmer muss die Freiheit haben, neue Themen einzubringen, Behauptungen zu hinterfragen und seine eigenen Argumente und Bedürfnisse zu artikulieren.

4. **Symmetrie**: Machtungleichheiten zwischen den Teilnehmern dürfen den Diskursprozess nicht verzerren.

5. **Aufrichtigkeit**: Die Teilnehmer müssen ernsthaft an Verständigung interessiert sein, nicht an strategischem Sieg.

6. **Unbegrenzte Zeit**: Es darf keinen künstlichen Zeitdruck geben, der die vollständige Prüfung von Argumenten verhindert.

Habermas erkennt an, dass diese idealen Bedingungen in der Praxis nie vollständig realisiert werden können. Dennoch fungieren sie als "kontrafaktische Voraussetzungen", die wir implizit annehmen müssen, wenn wir ernsthaft argumentieren. Sie dienen als regulatives Ideal, an dem reale Diskurse gemessen werden können, und als Ziel, nach dem demokratische Institutionen streben sollten.

Aus dieser Perspektive entsteht Rationalität nicht primär aus individuellen kognitiven Prozessen, sondern aus intersubjektiven Praktiken argumentativer Kommunikation. Eine Überzeugung oder Norm ist rational, wenn sie einem kritischen Diskurs standhalten kann, der den idealen Bedingungen nahekommt.

Diese Konzeption des rationalen Diskurses hat weitreichende Implikationen:

Für die Moraltheorie: Habermas' "Diskursethik" schlägt vor, dass moralische Normen durch tatsächlichen Diskurs unter Betroffenen validiert werden müssen. Eine Norm ist gültig, wenn alle potenziell Betroffenen ihr in einem rationalen Diskurs zustimmen könnten. Dies unterscheidet sich von kantianischen Ansätzen, die auf individueller Reflexion basieren, indem es Moral in tatsächlichen intersubjektiven Prozessen verankert.

Für politische Theorie: Habermas' deliberative Demokratietheorie versteht demokratische Legitimität als aus rationalen Diskursen in der öffentlichen Sphäre hervorgehend. Legitime Gesetze sollten das Ergebnis inklusiver öffentlicher Deliberation sein, nicht bloßer Machtkämpfe oder Aggregation privater Präferenzen durch Abstimmung.

Für Rechtstheorie: In seiner Konzeption des "demokratischen Rechtsstaats" sieht Habermas das Recht als Medium, das zwischen normativen diskursiven Prozessen in der Zivilgesellschaft und den systemischen Imperativen von Wirtschaft und Verwaltung vermittelt.

Für soziale Kritik: Der ideale Diskurs bietet einen Standard, an dem existierende Kommunikationsmuster und institutionelle Arrangements kritisch beurteilt werden können. Er hilft, systematische Verzerrungen und Exklusionen zu identifizieren, die rationalen Konsens untergraben.

Habermas' Ansatz wurde aus verschiedenen Richtungen kritisiert. Postmoderne Theoretiker bezweifeln die Möglichkeit des von Habermas angestrebten universellen rationalen Konsenses und betonen stattdessen unhintergehbare Machtverhältnisse und Differenzen. Feministische Kritikerinnen haben argumentiert, dass seine Konzeption zu stark auf abstrakten, entköperten Argumenten basiert und andere Kommunikationsformen abwertet. Pragmatische Kritiker wie Richard Rorty haben die Notwendigkeit transzendentaler oder quasi-transzendentaler Grundlagen für Kommunikation in Frage gestellt.

Trotz dieser Kritikpunkte bleibt Habermas' Konzeption des idealen Diskurses ein mächtiges Werkzeug für das

Verständnis der normativen Grundlagen rationaler Kommunikation. Sie bietet sowohl einen theoretischen Rahmen für die Analyse kommunikativer Prozesse als auch ein praktisches Ideal für die Gestaltung von Institutionen und Praktiken, die rationale kollektive Entscheidungsfindung fördern.

In einer Zeit zunehmender Polarisierung und Fragmentierung öffentlicher Diskurse bietet Habermas' Vision einer auf gegenseitigem Verständnis und rationalem Konsens basierenden kommunikativen Rationalität eine wertvolle Alternative zu sowohl zynischem Machtpragmatismus als auch relativistischer Aufgabe gemeinsamer Wahrheitsansprüche.

Kollektive Intelligenz und Deliberation

Kollektive Intelligenz – die Fähigkeit von Gruppen, Informationen zu integrieren, Probleme zu lösen und Entscheidungen zu treffen, die häufig die Fähigkeiten einzelner Mitglieder übertreffen – repräsentiert eine soziale Dimension der Rationalität, die über individuelle kognitive Prozesse hinausgeht. Deliberation, der Prozess des gemeinsamen Überlegens und Diskutierens vor einer Entscheidung, ist ein Schlüsselmechanismus, durch den kollektive Intelligenz sich manifestieren kann.

Die Idee, dass Gruppen unter bestimmten Bedingungen intelligenter sein können als Individuen, hat eine lange Geschichte. Aristoteles bemerkte, dass eine Vielzahl von Personen manchmal bessere Urteile fällen kann als wenige Experten, da jede Person einen Teil der Wahrheit beitrag kann. In modernen Zeiten wurde dieses Konzept in verschiedenen Formen artikuliert, von der "Weisheit der Vielen" bis zur "Schwarmintelligenz".

Empirische Forschung hat mehrere Mechanismen identifiziert, durch die kollektive Deliberation die Qualität von Entscheidungen verbessern kann:

1. **Informationspooling**: Gruppen können mehr Informationen zusammentragen als Einzelpersonen. Wenn verschiedene Mitglieder unterschiedliche relevante Informationen besitzen, kann Deliberation diese an die Oberfläche bringen und zu informierteren Entscheidungen führen.

2. **Fehlerkorrektur**: In Gruppendiskussionen können Fehler oder Verzerrungen einzelner Mitglieder von anderen erkannt und korrigiert werden. Dies kann besonders wertvoll sein, wenn Mitglieder unterschiedliche kognitive Verzerrungen haben, die sich gegenseitig ausgleichen können.

3. **Kognitive Stimulation**: Die Exposition gegenüber den Ideen anderer kann neues Denken anregen, zu Einsichten führen, die kein einzelnes Mitglied allein gehabt hätte, und kreativere Problemlösungen fördern.

4. **Perspektivenvielfalt**: Heterogene Gruppen mit unterschiedlichen Hintergründen und Denkweisen können Probleme aus verschiedenen Blickwinkeln betrachten, was zu robusteren Lösungen führt, die verschiedene Faktoren berücksichtigen.

5. **Präferenzaggregation**: Deliberative Prozesse können dabei helfen, die Präferenzen und Werte

verschiedener Stakeholder zu kombinieren, um Lösungen zu finden, die vielfältige Anliegen berücksichtigen.

Jedoch ist kollektive Deliberation nicht immer effektiv. Forschung hat auch zahlreiche potenzielle Fallstricke identifiziert:

1. **Gruppendenken**: Der Wunsch nach Harmonie oder Konformität kann kritisches Denken unterdrücken, was zu irrationalen oder dysfunktionalen Entscheidungen führt.

2. **Informationskaskaden**: Wenn frühe Sprecher eine bestimmte Position einnehmen, können spätere Teilnehmer ihre abweichenden Informationen oder Meinungen zurückhalten, was zu falschen Konsensen führt.

3. **Gemeinsames Informationssyndrom**: Gruppen neigen dazu, bereits geteilte Informationen zu diskutieren und einzigartige Informationen, die nur einzelne Mitglieder besitzen, zu vernachlässigen.

4. **Soziale Anpassung**: Der Druck zur Konformität kann dazu führen, dass Mitglieder ihre wahren Überzeugungen oder Informationen nicht äußern.

5. **Polarisierung**: Deliberation kann manchmal zu extremeren Positionen führen, als die Mitglieder ursprünglich hatten, besonders in homogenen Gruppen.

6. **Ungleiche Partizipation**: Statusunterschiede, Machtdynamiken und unterschiedliche Kommunikationsstile können dazu führen, dass

einige Stimmen dominieren, während andere marginalisiert werden.

Der Schlüssel zur Förderung effektiver kollektiver Intelligenz liegt in der Gestaltung von Bedingungen und Prozessen, die ihre Stärken maximieren und ihre Schwächen minimieren. Mehrere Ansätze wurden entwickelt:

Strukturierte Deliberationsmethoden bieten spezifische Formate und Protokolle, um produktivere Gruppendiskussionen zu fördern:

- **Delphi-Methode**: Experten geben anonym Urteile ab, erhalten Feedback über die Gruppenmeinung und revidieren dann ihre Urteile in mehreren Runden.

- **Nominaler Gruppenprozess**: Kombiniert individuelles Ideengenerieren, strukturierte Teilen von Ideen und Abstimmungsverfahren.

- **Fishbowl-Diskussionen**: Eine kleine Gruppe diskutiert, während andere beobachten, mit rotierenden Teilnehmern.

- **World Café**: Teilnehmer bewegen sich zwischen Tischen, die verschiedene Aspekte eines Problems diskutieren, wobei jeder Tisch einen "Gastgeber" hat, der Kontinuität gewährleistet.

Technologiegestützte Ansätze nutzen digitale Werkzeuge, um kollektive Intelligenz zu verstärken:

- **Prognose-Märkte**: Teilnehmer "wetten" auf verschiedene Ergebnisse, wobei Marktpreise aggregierte Überzeugungen widerspiegeln.

- **Kollaborative Filterung**: Systeme aggregieren Nutzervorlieben und -bewertungen, um personalisierte Empfehlungen zu generieren.

- **Open-Source-Projekte**: Verteilte Netzwerke von Beitragenden bauen gemeinsam an komplexen Produkten wie Software oder Wissensressourcen.

- **Crowdsourcing-Plattformen**: Große Gruppen werden zur Lösung spezifischer Probleme oder zur Generierung von Ideen mobilisiert.

Deliberative demokratische Innovationen experimentieren mit verschiedenen Formaten für bürgerliche Beteiligung:

- **Bürgerversammlungen**: Zufällig ausgewählte Bürger kommen zusammen, um ein Problem zu studieren und Empfehlungen zu entwickeln.

- **Deliberative Umfragen**: Repräsentative Samples von Bürgern deliberieren über ein Thema, wobei Meinungen vor und nach gemessen werden.

- **Partizipative Budgetierung**: Gemeinschaften entscheiden gemeinsam über die Allokation eines Teils öffentlicher Budgets.

- **Konsenskonferenzen**: Laien-Panels hören Expertenaussagen und entwickeln gemeinsame Positionen zu kontroversen Themen.

Forschung über diese verschiedenen Ansätze hat einige Schlüsselprinzipien für effektive kollektive Deliberation identifiziert:

1. **Diversität**: Gruppen mit verschiedenen Perspektiven, Hintergründen und Denkstilen erbringen typischerweise bessere kognitive Leistungen als homogene Gruppen, vorausgesetzt, sie können effektiv kommunizieren.

2. **Strukturierte Uneinigkeit**: Prozesse, die konstruktive Kontroverse fördern, wie zugewiesene Teufelsadvokaten oder alternative-Analyse-Techniken, können Gruppendenken bekämpfen.

3. **Psychologische Sicherheit**: Umgebungen, in denen Mitglieder sich wohl fühlen, abweichende Meinungen zu äußern, ohne soziale Sanktionen zu befürchten, fördern bessere Informationsteilung und kritisches Denken.

4. **Metakognitive Sensibilisierung**: Das Bewusstsein für häufige Gruppenverzerrungen kann Teilnehmern helfen, diese aktiv entgegenzuwirken.

5. **Faszilitierte Prozesse**: Geschickte, neutrale Moderation kann sicherstellen, dass verschiedene Stimmen gehört werden und dass Diskussionen fokussiert und produktiv bleiben.

6. **Angemessene Informationsgrundlagen**: Zugang zu relevanten Fakten, Expertenwissen und verschiedenen Perspektiven können die Qualität der Deliberation verbessern.

Die Spannungen und Komplementaritäten zwischen individueller und kollektiver Rationalität bleiben ein aktives Forschungsgebiet. Während Individuen oft schneller und kohärenter entscheiden können, können gut strukturierte Gruppen manchmal umsichtigere und robustere Entscheidungen treffen. Die Herausforderung besteht darin, Bedingungen zu schaffen, unter denen kollektive Deliberation tatsächlich die kombinierte Intelligenz ihrer Teilnehmer nutzen kann, anstatt in die zahlreichen Fallstricken kollektiver Irrationalität zu verfallen.

In einer zunehmend komplexen und vernetzten Welt, die mit beispiellosen Herausforderungen konfrontiert ist, wird die Verbesserung unserer kollektiven deliberativen Kapazitäten zu einer entscheidenden Dimension der Rationalität selbst.

Kapitel 9: Kreativität und Rationalität

Das Verhältnis von Kreativität und Vernunft

Kreativität und Rationalität werden oft als gegensätzliche mentale Modi betrachtet – die eine wild, intuitiv und divergent; die andere logisch, methodisch und konvergent. Diese scheinbare Dichotomie erscheint in verschiedenen Formen in unserer Kultur: Kunst versus Wissenschaft, Vorstellung versus Analyse, Innovation versus Deduktion. Doch bei näherem Hinsehen erweist sich diese Trennung als künstlich und irreführend. Kreativität und Rationalität sind nicht antagonistische, sondern komplementäre und oft synergetische Aspekte menschlicher Kognition.

Historische Perspektiven auf diese Beziehung haben sich im Laufe der Zeit entwickelt. In der Antike betrachteten die Griechen kreative Inspiration oft als göttliche Eingebung – die Musen sprachen durch den Künstler. Diese Sichtweise stellte Kreativität als etwas dar, das außerhalb des rationalen Geistes liegt. Im Gegensatz dazu betonten Denker der Aufklärung rationale Regeln und Prinzipien in kreativen Bereichen, von poetischer Komposition bis zu musikalischer Harmonie. Die Romantik brachte eine erneute Betonung des Intuitiven, Emotionalen und Unbewussten in der Kreativität, oft im expliziten Gegensatz zur nüchternen Rationalität.

Moderne kognitive Perspektiven bieten ein nuancierteres Bild. Sowohl Kreativität als auch Rationalität können als Formen adaptiver Kognition verstanden werden, die evolutionäre Vorteile bieten:

- **Kreativität** ermöglicht die Erkundung neuer Möglichkeiten, die Anpassung an neue Umgebungen und die Lösung neuartiger Probleme.

- **Rationalität** ermöglicht die systematische Auswertung dieser Möglichkeiten, die konsistente Anwendung erfolgreicher Strategien und die Vermeidung bekannter Fehler.

In diesem Sinne sind beide wesentliche Aspekte menschlicher Intelligenz und Problem

Es gibt mehrere Modelle, die versuchen, die Beziehung zwischen Kreativität und Rationalität zu konzeptualisieren:

1. **Das Phasenmodell** schlägt vor, dass kreative Prozesse typischerweise mehrere Phasen durchlaufen, in denen sowohl divergentes als auch konvergentes Denken eine Rolle spielen. In Graham Wallas' klassischem Modell beginnt Kreativität mit Vorbereitung (rationale Analyse des Problems), gefolgt von Inkubation (unbewusste Verarbeitung), Illumination (Auftreten einer kreativen Einsicht) und Verifikation (rationale Evaluation und Verfeinerung der Idee). Diese Konzeption zeigt, wie kreative Prozesse sowohl intuitive als auch analytische Komponenten integrieren.

2. **Dual-Process-Modelle** unterscheiden zwischen "System 1" (schnell, automatisch, intuitiv) und "System 2" (langsam, bewusst, analytisch). Kreative Einsichten können aus System-1-Prozessen entstehen, werden aber typischerweise durch System-2-Prozesse evaluiert und verfeinert. Die kreativsten Individuen können frei zwischen diesen Modi wechseln und sowohl generative als auch evaluative Prozesse nutzen.

3. **Das Netzwerkmodell** konzeptualisiert Kreativität als die Bildung ungewöhnlicher Verbindungen zwischen verschiedenen semantischen oder konzeptuellen Netzwerken. Kreative Individuen haben oft eine "flachere Assoziationshierarchie", die es ihnen ermöglicht, entfernte Verbindungen zu erkennen. Rationalität hilft, diese Verbindungen

zu evaluieren und die wertvollsten zu identifizieren.

Empirische Forschung unterstützt die Sicht, dass Kreativität und Rationalität kooperieren, anstatt zu konkurrieren:

- Studien zeigen, dass erfolgreiche Wissenschaftler, Mathematiker und andere in "rationalen" Feldern oft hochgradig kreativ sind, während erfolgreiche Künstler, Schriftsteller und Musiker typischerweise beträchtliche analytische Fähigkeiten und domänenspezifisches Wissen demonstrieren.

- Neurologisch aktivieren sowohl kreative als auch rational-analytische Aufgaben überlappende Gehirnbereiche, besonders im präfrontalen Kortex, der mit der Integration verschiedener Informationstypen und exekutiver Kontrolle assoziiert ist.

- Analysen historischer kreativer Durchbrüche in Wissenschaft und Kunst zeigen typischerweise sowohl "Aha"-Momente als auch ausgedehnte Perioden rationaler Ausarbeitung und Verfeinerung.

Dies deutet darauf hin, dass die erfolgreichste Kreativität aus einer dynamischen Wechselwirkung zwischen divergentem und konvergentem Denken entsteht – zwischen der Fähigkeit, neue Möglichkeiten zu generieren, und der Fähigkeit, diese Möglichkeiten kritisch zu evaluieren.

Mehrere wichtige Funktionen der Rationalität unterstützen kreative Prozesse:

1. **Problemidentifikation und -definition**:
    Rationalität hilft, Probleme präzise zu
    identifizieren und zu formulieren, was die kreative
    Exploration in produktive Richtungen lenkt.

2. **Erwerb domänenspezifischen Wissens**:
    Kreativität entsteht nicht aus dem Nichts; sie baut
    auf tiefem Verständnis eines Feldes auf.
    Rationales Lernen schafft die Wissensbasis, auf
    der kreative Rekombination stattfinden kann.

3. **Evaluation und Verfeinerung**: Rationale Analyse
    ist entscheidend für die Bewertung kreativer
    Ideen, die Identifikation ihrer Stärken und
    Schwächen und ihre Verfeinerung zu praktischen
    Lösungen.

4. **Implementierung**: Die Umsetzung kreativer
    Visionen in die Realität erfordert typischerweise
    systematische Planung und rationale
    Problemlösung.

Umgekehrt bereichert Kreativität rationale Prozesse auf
mehrere Weisen:

1. **Hypothesengenerierung**: Kreativität erweitert
    den Raum der betrachteten Möglichkeiten, was zu
    innovativeren Hypothesen führt.

2. **Überwindung kognitiver Verzerrungen**:
    Kreatives Denken kann helfen, eingefahrene
    Denkweisen zu durchbrechen und Annahmen zu
    hinterfragen, die rationale Analyse behindern
    könnten.

3. **Analogiebildung**: Kreative Analogien zwischen
    verschiedenen Domänen können neue rationale

Einsichten ermöglichen, wie wenn Entdeckungen in einem Feld Probleme in einem anderen erhellen.

4. **Metagognition**: Kreative Reflexion über den rationalen Prozess selbst kann zu verbesserten Methoden der Untersuchung und Analyse führen.

Historische Beispiele dieser Synergie sind zahlreich. Einstein betonte die Bedeutung sowohl visueller, spielerischer Vorstellungskraft als auch riguroser mathematischer Analyse in seinen wissenschaftlichen Durchbrüchen. Die Entwicklung der DNA-Doppelhelix durch Watson und Crick kombinierte kreative Modellierung mit strenger Konformität zu chemischen und röntgenkristallographischen Daten. In der Kunst kombinierte Leonardo da Vinci wissenschaftliche Präzision mit künstlerischer Vision, während Bach komplexe mathematische Strukturen mit tiefem musikalischem Ausdruck verband.

Eine gesündere Konzeption sieht Kreativität und Rationalität als Partner in einem dynamischen Tanz, wobei jeder den anderen ergänzt und verstärkt. Die kreativsten Wissenschaftler sind oft diejenigen, die ihre Vorstellungskraft frei spielen lassen können, während die einflussreichsten Künstler oft diejenigen sind, die auch analytische Rigorosität und tiefes Verständnis ihrer Tradition demonstrieren.

Diese integrierte Sichtweise hat wichtige Implikationen für Bildung, Innovation und Problemlösung. Anstatt "kreative" von "analytischen" Denkern zu trennen, sollten wir danach streben, beide Fähigkeiten zu kultivieren und ihre Integration zu fördern. Die größten menschlichen Errungenschaften – von wissenschaftlichen Revolutionen bis zu künstlerischen Meisterwerken – entstehen typischerweise genau an dieser Schnittstelle, wo kreative Vision und rationale Disziplin zusammenkommen.

Laterales Denken und Problemlösung

Laterales Denken, ein Konzept, das in den 1960er Jahren von Edward de Bono geprägt wurde, bezieht sich auf eine Problemlösungsmethode, die nicht-sequentielle, nicht-offensichtliche Denkwege nutzt, im Gegensatz zum traditionellen "vertikalen" oder linearen Denken. Es ist ein Schlüsselaspekt kreativer Rationalität, der es uns ermöglicht, festgefahrene Denkmuster zu durchbrechen und neuartige Lösungen für komplexe Probleme zu finden.

Die Grundprinzipien lateralen Denkens umfassen:

1. **Erkennen dominanter Ideen**: Identifizieren der Muster und Annahmen, die unser Denken über ein Problem einschränken.

2. **Suche nach alternativen Perspektiven**: Bewusste Einnahme verschiedener Standpunkte oder Denkrahmen.

3. **Lockerung der logischen Kontrolle**: Zeitweiliges Aussetzen strikter Bewertungen, um unkonventionelle Ideen zu erkunden.

4. **Nutzung des Zufalls**: Einführung willkürlicher Elemente oder Stimuli, um neue Gedankenpfade anzuregen.

5. **Umkehrung**: Untersuchung des Problems aus einer entgegengesetzten Richtung oder mit umgekehrten Annahmen.

Diese Prinzipien stehen im Kontrast zu "vertikalem Denken", das auf sequentieller Logik, schrittweisem Fortschritt und analytischer Rigorosität basiert. Während vertikales Denken vertieft, was bereits bekannt ist, erweitert laterales Denken den Raum des Betrachteten. Beide Denkarten sind wertvoll und komplementär – laterales Denken generiert neue Möglichkeiten, während vertikales Denken diese evaluiert und entwickelt.

Methoden und Techniken für laterales Denken umfassen:

1. **Provokationen**: Absichtlich unvernünftige oder paradoxe Aussagen als Sprungbretter für neues Denken verwenden. De Bono schlug das Wort "po" (provokative Operation) vor, um solche Aussagen zu kennzeichnen. Zum Beispiel könnte "po, Autos sollten quadratische Räder haben" zu Überlegungen über alternative Fortbewegungsmechanismen führen.

2. **Zufallsanreize**: Einführung zufälliger Wörter, Bilder oder Konzepte, um eingefahrene Denkmuster zu stören. Beispielsweise könnte das zufällige Wort "Apfel" bei der Betrachtung eines Verkehrsstauproblems zu Ideen über natürliche Flussstrukturen oder dezentrale Steuerungssysteme führen.

3. **Konzept-Herausforderung**: Hinterfragen der Notwendigkeit oder des Zwecks etablierter Elemente eines Systems oder Problems. "Warum brauchen wir überhaupt ein Klassenzimmer für Bildung?" könnte zu innovativen Bildungsansätzen führen.

4. **Analogien und Metaphern**: Nutzung von Vergleichen zwischen dem aktuellen Problem und scheinbar unverwandten Domänen. Ein Gesundheitssystem könnte mit einem Ökosystem, einem Verkehrsnetz oder einem Computersystem verglichen werden, wodurch jeweils unterschiedliche Einsichten entstehen.

5. **Umkehrungen**: Umkehrung von Annahmen oder üblichen Prozessrichtungen. Anstatt zu fragen, wie man mehr Kunden in ein Geschäft bringen kann, könnte man fragen, wie man das Geschäft zu den Kunden bringen kann.

6. **Alternativen-Generierung**: Systematische Erzeugung multipler Lösungen (oft mit dem Ziel, mindestens fünf verschiedene Ansätze zu entwickeln), bevor eine ausgewählt wird.

Kognitive Basis lateralen Denkens: Aus kognitiver Perspektive kann laterales Denken als Veränderung etablierter neuronaler Aktivierungsmuster verstanden werden. Unser Gehirn ist darauf ausgerichtet, Informationen in bestehende kognitive Schemas einzuordnen – Wege, die durch wiederholte Aktivierung "ausgetreten" wurden. Laterales Denken zwingt das Gehirn, diese gewohnten Pfade zu verlassen und neue neuronale Verbindungen zu bilden.

Einige kognitive Mechanismen, die laterales Denken unterstützen, umfassen:

- **Defokussierte Aufmerksamkeit**: Ein erweiterter Aufmerksamkeitszustand, der die Wahrnehmung entfernter Assoziationen ermöglicht.

- **Inkubation**: Perioden, in denen das Gehirn unbewusst Informationen verarbeitet, oft während einer Pause von bewusster Problemlösung.

- **Bisoziation**: Arthur Koestlers Begriff für das Zusammenbringen zuvor unverbundener "Matrices des Denkens".

- **Konzeptuelle Kombination**: Die Synthese scheinbar unverwandter Konzepte zu neuen, emergenten Ideen.

Anwendungen in verschiedenen Domänen:

Laterales Denken hat sich in zahlreichen Bereichen als wertvoll erwiesen:

1. **Wissenschaft und Technologie**: Viele wissenschaftliche Durchbrüche resultieren aus lateralem Denken. Alexander Flemings Entdeckung des Penicillins kam durch die Beobachtung, dass ein Schimmelpilz, der seine Bakterienkulturen kontaminierte, die Bakterien abtötete. Anstatt die "verdorbenen" Kulturen einfach wegzuwerfen (die vertikale Reaktion), folgte Fleming dieser unerwarteten Beobachtung lateral.

2. **Wirtschaft und Innovation**: Erfolgreiche Unternehmen nutzen laterales Denken, um Branchennormen zu durchbrechen. Airbnb stellte den Hotelmarkt in Frage, indem es fragte, warum Unterkünfte in speziellen kommerziellen Gebäuden sein müssen. Uber hinterfragte, warum Taxis professionellen Fahrern vorbehalten sein sollten.

3. **Design und Architektur**: Laterales Denken führt zu innovativen Designlösungen, wie bei der Entwicklung der Sydney Opera House, deren unkonventionelle Form aus der Neuinterpretation von Segeln oder Orangenschalen entstand.

4. **Konfliktlösung**: In festgefahrenen Konflikten kann laterales Denken helfen, "Win-Win"-Lösungen zu finden, die jenseits der offensichtlichen Kompromisse liegen.

5. **Persönliche Entwicklung**: Als Lebensfähigkeit kann laterales Denken helfen, persönliche Herausforderungen aus frischen Perspektiven zu betrachten und kreative Lösungen für Lebensprobleme zu finden.

Herausforderungen und Grenzen:

Trotz seiner Vorteile steht laterales Denken vor bestimmten Herausforderungen:

1. **Kulturelle und institutionelle Widerstände**: Viele Bildungs- und Organisationssysteme bevorzugen vertikales, konvergentes Denken und können unkonventionelle Ideen entmutigen.

2. **Kognitive Anstrengung**: Laterales Denken erfordert mehr Energie als das Folgen etablierter Denkmuster und kann mental ermüdend sein.

3. **Schwierigkeit der Bewertung**: Es kann herausfordernd sein, den Wert lateraler Ideen zu bewerten, bevor sie vollständig entwickelt sind.

4. **Implementierungshürden**: Selbst wenn laterales Denken zu innovativen Lösungen führt, können

praktische, soziale oder institutionelle Barrieren ihre Implementierung verhindern.

Diese Herausforderungen unterstreichen, warum laterales Denken am effektivsten ist, wenn es mit vertikalem Denken kombiniert wird – der laterale Prozess generiert innovative Möglichkeiten, während vertikale Prozesse helfen, ihre Durchführbarkeit zu bewerten und sie in praktische Lösungen umzusetzen.

Die Integration lateralen Denkens in rationale Problemlösung repräsentiert eine sophistiziertere Form der Rationalität – eine, die anerkennt, dass effektives Denken manchmal erfordert, etablierte logische Pfade zu verlassen, um neue Territorien zu erkunden. Wie de Bono es ausdrückte, ist es manchmal notwendig, einen Schritt zur Seite zu machen, um vorwärts zu kommen.

Innovation durch rationale Methoden

Innovation – die erfolgreiche Implementierung neuer Ideen, die Wert schaffen – ist oft als mysteriöser, von Geistesblitzen getriebener Prozess dargestellt worden. In Wirklichkeit können systematische, rationale Methoden Innovation erheblich fördern und verbessern. Diese strukturierten Ansätze ersetzen nicht kreative Einsicht, sondern schaffen Bedingungen, unter denen sie gedeihen kann, und bieten Frameworks, um sie effektiv zu nutzen.

Systematische Innovationsmethoden haben sich in verschiedenen Feldern entwickelt:

1. **Design Thinking**, popularisiert durch Institutionen wie die Stanford d.school und IDEO, ist ein menschenzentrierter Ansatz, der fünf Hauptphasen umfasst:

   o **Empathie**: Tiefes Verständnis der Nutzerbedürfnisse durch Beobachtung und Engagement

   o **Definition**: Klare Artikulation des zu lösenden Problems aus Nutzerperspektive

   o **Ideengenerierung**: Entwicklung einer Vielzahl möglicher Lösungen ohne vorzeitige Bewertung

   o **Prototyping**: Schnelle, kostengünstige Materialisierung von Ideen

   o **Testen**: Sammeln von Nutzerfeedback zu Prototypen, gefolgt von Iteration

   Dieser Prozess verbindet empathische und kreative Elemente mit analytischer Rigorosität und empirischem Testen.

2. **TRIZ** (Theorie des erfinderischen Problemlösens), entwickelt von Genrich Altshuller, basiert auf der Analyse tausender Patente, um wiederkehrende Innovationsmuster zu identifizieren. TRIZ argumentiert, dass Erfindungen typischerweise Widersprüche lösen (z.B. etwas stärker aber leichter machen) und dass es eine begrenzte Anzahl von Lösungsprinzipien gibt. Schlüsselkomponenten umfassen:

   o Eine Matrix von 40 Innovationsprinzipien

- o Identifikation und Lösung technischer und physikalischer Widersprüche

- o Analyse der "Idealität" einer Lösung (Maximierung von Nutzen bei Minimierung von Kosten und Schäden)

- o Systematische Evolution technischer Systeme

3. **Lean Startup-Methodik**, entwickelt von Eric Ries, wendet wissenschaftliches Experimentieren auf Geschäftsinnovation an:

- o Entwicklung einer Hypothese über ein Geschäftsmodell oder Produkt

- o Testen mit einem "Minimum Viable Product" (MVP)

- o Messen von Nutzerfeedback und Engagement

- o Entscheidung, ob man "pivotiert" (die Richtung ändert) oder durchhält

- o Wiederholung des Lern- und Anpassungszyklus

4. **Systematische Inventurlösung und Ideenfindung** umfasst strukturierte Techniken wie:

- o **Morphologische Analyse**: Aufschlüsselung eines Problems in seine Dimensionen und systematische Erkundung von Kombinationen

- o **Attribute Listing**: Aufzählung der Schlüsselmerkmale eines Produkts oder einer Situation und systematische Überlegung, wie jedes verändert werden könnte

- o **Osborn-Parnes Creative Problem Solving Process**: Ein sechsstufiger Prozess (Objective-Finding, Fact-Finding, Problem-Finding, Idea-Finding, Solution-Finding, Acceptance-Finding)

- o **Synectics**: Nutzung von Analogien und Metaphern, um neue Perspektiven zu gewinnen

5. **Open Innovation** betont die Nutzung externer Ideen und Kollaboration:

   - o Crowdsourcing-Wettbewerbe und Plattformen

   - o Externe Forschungspartnerschaften

   - o Nutzerinnovations-Communities

   - o Lizenzierungs- und Technologietransfer-Strategien

Diese methodischen Ansätze werden durch **Innovationsunterstützende Organisationspraktiken** ergänzt:

1. **Strukturierte Ideenmanagementsysteme**, die Prozesse für die Erfassung, Evaluation und Implementierung von Ideen aus verschiedenen Quellen bieten

2. **Stage-Gate-Prozesse**, die Innovation in diskrete Phasen mit spezifischen Deliverables und Go/No-Go-Entscheidungspunkten unterteilen

3. **Rapid Prototyping und Iteration**, die schnelle Materialisierung, Testen und Verfeinerung von Ideen ermöglichen

4. **A/B-Testing und kontrollierte Experimente**, die evidenzbasierte Entscheidungen zwischen Designalternativen erlauben

5. **Portfoliomanagement-Ansätze**, die eine balancierte Mischung aus inkrementellen, architekturbezogenen und disruptiven Innovationsprojekten sicherstellen

Kognitive Frameworks für systematische Innovation bieten mentale Modelle, die neue Perspektiven auf Probleme öffnen:

1. **Erste Prinzipien Denken** (populär gemacht von Elon Musk) beinhaltet das Zurückkehren zu fundamentalen Wahrheiten und das Aufbauen von dort, anstatt durch Analogie zu denken. Anstatt bestehende Lösungen zu verbessern, hinterfragt es deren Grundannahmen.

2. **Biomimikry** sucht Inspiration in natürlichen Systemen und Prozessen, die durch Millionen Jahre von evolutionären "Experimenten" verfeinert wurden, um effiziente, nachhaltige Lösungen zu finden.

3. **Unterschiedliche Formen des Jobs-to-be-Done-Frameworks** fokussieren auf die zugrundeliegenden Aufgaben, die Kunden mit

einem Produkt oder einer Dienstleistung erledigen wollen, anstatt auf Produkteigenschaften.

4. **Blue Ocean Strategy** sucht nach unumkämpften Marktplätzen durch Neudefinition von Wertangeboten anstatt direkter Konkurrenz in bestehenden Märkten.

5. **Szenarioplanung** entwickelt multiple plausible Zukunftsszenarien, um Innovationen zu identifizieren, die unter verschiedenen möglichen Bedingungen wertvoll wären.

Datengetriebene Innovation nutzt systematische Analyse, um Muster zu erkennen und Entscheidungen zu informieren:

1. **Nutzungsanalyse** zeigt, wie Menschen tatsächlich mit Produkten interagieren, oft abweichend von designten Verwendungszwecken

2. **Prädiktive Analytik** identifiziert aufkommende Trends und Bedürfnisse

3. **Big Data-Mustererkennung** entdeckt nicht-offensichtliche Korrelationen und Einsichten

4. **Algorithmische Ideengenerierung** nutzt KI, um den Designraum zu erkunden

Die Rolle rationaler Prozesse im Innovationszyklus variiert je nach Phase:

1. **Problemidentifikation**: Systematische Methoden können helfen, die richtigen Probleme zu identifizieren, anstatt nur Symptome zu adressieren. Techniken wie "Five Whys" und systemisches Mapping können zugrundeliegende

Ursachen und Hebelwirkungspunkte identifizieren.

2. **Ideengenerierung**: Während kreative Einsichten oft spontan erscheinen, können strukturierte Prozesse die Bedingungen für sie optimieren und den Raum möglicher Lösungen erweitern. Techniken wie Cross-Industry Benchmarking und Constraint Manipulation können neuartige Perspektiven eröffnen.

3. **Ideenselektion**: Rationale Evaluationsmethoden wie gewichtete Scoring-Modelle, Risikoanalysen und Failure Mode and Effects Analysis können die besten Ideen für Weiterentwicklung identifizieren.

4. **Implementierung**: Projektmanagement-Methodologien, Ressourcenallokationsframeworks und systematisches Stakeholder-Management können die erfolgreiche Realisierung innovativer Ideen sicherstellen.

5. **Diffusion**: Evidenzbasierte Strategien für Marketing, Kommunikation und organisationalen Wandel können die Akzeptanz und Verbreitung von Innovationen fördern.

Die Integration dieser rationalen Methoden mit kreativen Einsichten führt zum effektivsten Innovationsansatz. Rein intuitive Innovation riskiert Ineffizienz und Zufälligkeit, während ausschließlich systematische Innovation zu inkrementellen Verbesserungen ohne transformative Durchbrüche führen kann. Die Kombination beider Ansätze – die sprichwörtliche Verschmelzung von "Kunst und Wissenschaft" – ermöglicht sowohl kreative Sprünge als auch disziplinierte Umsetzung.

Diese Vereinigung spiegelt sich in der Praxis erfolgreicher Innovatoren wider, von Thomas Edison (der sowohl kreative Einsicht als auch systematisches Experimentieren kombinierte) bis zu modernen Unternehmen wie Apple und Google, die sowohl visionäre Perspektiven als auch rigorose, datengetriebene Prozesse kultivieren.

Die rationale Dimension der Innovation ist kein Ersatz für Kreativität, sondern ein Verstärker – eine Methode, um kreative Energie zu fokussieren, zu kanalisieren und zu maximieren. Wie Louis Pasteur bemerkte: "Chance favorisiert den vorbereiteten Geist." Systematische Innovationsmethoden bereiten den Geist vor, sowohl kreative Einsichten zu erkennen als auch sie in praktische Realität umzusetzen.

Ästhetische Rationalität

Ästhetische Rationalität befasst sich mit der Frage, ob und wie ästhetische Urteile – unsere Einschätzungen von Schönheit, Harmonie, Eleganz und anderen Qualitäten künstlerischer oder sinnlicher Erfahrung – rational begründet werden können. Dieses Gebiet untersucht die Spannung zwischen der scheinbaren Subjektivität ästhetischer Präferenzen und der Möglichkeit gemeinsamer, intersubjektiver Standards für ästhetische Wertung.

Diese Untersuchung hat eine lange philosophische Geschichte. Immanuel Kant unterschied in seiner "Kritik der Urteilskraft" zwischen rein subjektiven "Urteilen des Angenehmen" und "ästhetischen Urteilen", die eine Art von Universalität beanspruchen, ohne auf bestimmte Konzepte oder Regeln reduzierbar zu sein. Für Kant beruhen ästhetische Urteile auf einem "interesselosen Wohlgefallen" – einer Kontemplation, die frei von praktischen Interessen oder Begierden ist – und beanspruchen eine "subjektive Universalität", die von anderen erwartet, dasselbe zu empfinden.

Diese kantische Perspektive deutet auf einen distinktiven Modus der Rationalität hin – einen, der weder vollständig subjektiv noch streng objektiv ist, sondern in einer intersubjektiven Sphäre gemeinsamer menschlicher Sensibilität operiert.

Das Spektrum ästhetischer Vernunft umfasst mehrere miteinander verbundene Dimensionen:

1. **Formale Rationalität** bezieht sich auf strukturelle Beziehungen innerhalb ästhetischer Objekte – Proportion, Balance, Symmetrie, Rhythmus, Harmonie und andere organisatorische Prinzipien. Diese Aspekte haben oft mathematische Underpinnings, wie das "Goldene Verhältnis" in visueller Komposition oder harmonische Intervalle in der Musik, die auf ganzzahligen Frequenzverhältnissen basieren. Solche formalen Eigenschaften können objektiv beschrieben werden, obwohl ihre ästhetische Bedeutung kontextabhängig bleibt.

2. **Expressionistische Rationalität** betrifft die Angemessenheit der Form zum Ausdruck bestimmter Emotionen, Ideen oder Erfahrungen. Wir können rationale Urteile darüber fällen, wie effektiv ein Kunstwerk sein beabsichtigtes Gefühl oder seine Idee kommuniziert, basierend auf gemeinsamen psychologischen Resonanzen und kulturellen Assoziationen.

3. **Historische Rationalität** situiert ästhetische Urteile innerhalb evolutionärer Traditionen und historischer Narrative. Wir können die Bedeutung eines Werks teilweise durch sein Verhältnis zu seinen Vorgängern und seinen Einfluss auf nachfolgende Werke bewerten – wie es entweder etablierte Konventionen erweitert, transformiert oder herausfordert.

4. **Funktionale Rationalität** bewertet ästhetische Qualitäten in Beziehung zu praktischen Zwecken oder Intentionen. In Design und Architektur ist Schönheit oft mit Funktionalität verwoben – die eleganteste Lösung ist häufig diejenige, die ihren Zweck mit maximaler Effizienz und Ökonomie erfüllt.

5. **Kritische Rationalität** umfasst die Entwicklung und Anwendung von Kriterien und methodischen Ansätzen zur Evaluation ästhetischer Werke innerhalb spezifischer Traditionen oder Genres.

Diese verschiedenen Modi ästhetischer Rationalität operieren nicht isoliert, sondern interagieren in komplexen Weisen innerhalb tatsächlicher ästhetischer Urteile und Diskurse.

Argumente für die Rationalität ästhetischer Urteile umfassen:

1. **Intersubjektive Konvergenz**: Trotz kultureller Variation gibt es bemerkenswerte Grade an Übereinstimmung in ästhetischen Urteilen, sowohl innerhalb als auch über Kulturen hinweg. Bestimmte Formen, Proportionen und Muster (wie die Vorliebe für Symmetrie oder moderate

Komplexität) scheinen weit verbreitete Anziehungskraft zu haben, was auf gemeinsame kognitive und perzeptuelle Mechanismen hindeutet.

2. **Möglichkeit rationaler Diskussion**: Wir können sinnvoll über ästhetische Urteile diskutieren, Gründe anbieten, auf Referenzpunkte verweisen und unsere Perspektiven durch neue Beobachtungen oder Argumente ändern. Diese diskursive Dimension deutet auf eine rationale Unterlage hin.

3. **Expertise-Effekte**: Individuen mit größerer Exposition und Bildung in einem künstlerischen Bereich entwickeln typischerweise verfeinertere ästhetische Diskriminierungsfähigkeiten und konvergieren oft in ihren Urteilen über Exzellenz. Diese Progression deutet auf einen Lernprozess hin, nicht bloß auf kulturelle Indoktrination.

4. **Evolutionäre Grundlagen**: Bestimmte ästhetische Präferenzen mögen in evolutionären Vorteilen verwurzelt sein. Präferenzen für symmetrische Gesichter, bestimmte Landschaftstypen oder spezifische Körperproportionen könnten adaptive Werte reflektieren, die einige ästhetische Urteile in biologischen Rationalitätsformen verankern.

5. **Pragmatische Konsistenz**: In angewandten Feldern wie Design und Architektur zeigen ästhetische Prinzipien konsistente Beziehungen zu funktionalen Ergebnissen und Nutzerzufriedenheit, was nahelegt, dass sie nicht rein willkürlich sind.

Argumente gegen die Rationalität ästhetischer Urteile umfassen:

1. **Kulturelle Relativität**: Ästhetische Standards variieren erheblich über kulturelle und historische Kontexte hinweg. Was in einer Kultur als schön gilt, mag in einer anderen als hässlich betrachtet werden, was die Idee universeller ästhetischer Prinzipien herausfordert.

2. **Historische Kontingenzen**: Künstlerische Kanons und Standards ändern sich oft dramatisch über die Zeit, manchmal als Reaktion auf soziale, ökonomische oder technologische Faktoren statt intrinsischer ästhetischer Werte.

3. **Fehlende definitive Kriterien**: Im Gegensatz zu logischen oder empirischen Urteilen scheinen ästhetische Urteile keine definitiven Verifizierungsmethoden zu haben, was sie anfällig für Endlosdiskussionen ohne klare Auflösung macht.

4. **Persönliche Idiosynkrasien**: Individuelle Präferenzen werden stark durch persönliche Assoziationen, Erinnerungen und einzigartige Erfahrungen geprägt, die außerhalb des Bereichs intersubjektiver Rechtfertigung liegen.

Diese entgegengesetzten Positionen können teilweise durch eine nuanciertere Konzeption ästhetischer Rationalität versöhnt werden:

Ein geschichteter Ansatz zur ästhetischen Rationalität erkennt an, dass ästhetische Urteile sowohl universelle als auch kulturspezifische und individuelle Elemente umfassen. Bestimmte perzeptuelle Präferenzen mögen in der menschlichen Kognition verwurzelt sein, während andere mehr kulturell konstruiert oder persönlich idiosynkratisch sind. Ästhetische Rationalität operiert dann auf multiplen, interagierenden Ebenen:

- Auf der **perzeptuellen Ebene** können wir unsere gemeinsame sensorische Architektur berücksichtigen

- Auf der **kognitiven Ebene** können wir betrachten, wie ästhetische Objekte mit allgemeinen Prozessen wie Mustererkennung, Vorhersage und Schemabildung interagieren

- Auf der **kulturellen Ebene** können wir Werke innerhalb spezifischer Traditionen, Konventionen und historischer Narrative situieren

- Auf der **individuellen Ebene** können wir persönliche Assoziationen, Erfahrungen und Empfindlichkeiten anerkennen

Praktische Manifestationen ästhetischer Rationalität finden sich in verschiedenen Domänen:

1. **Künstlerische Kritik** beinhaltet die Entwicklung und Anwendung von Kriterien zur Evaluation von Kunstwerken. Während solche Kriterien sowohl historisch als auch kulturell gebunden sind, sind sie nicht willkürlich, sondern emergieren aus anhaltenden Diskussionen über künstlerische Ziele und Werte innerhalb bestimmter Traditionen.

2. **Ästhetische Bildung** umfasst die Kultivierung perzeptueller Sensibilität, historischen Wissens und kritischer Fähigkeiten, die Individuen

befähigen, nuanciertere und informiertere ästhetische Urteile zu fällen.

3. **Design** verbindet explizit ästhetische mit funktionalen Überlegungen. Prinzipien wie "Form folgt Funktion" oder "weniger ist mehr" repräsentieren rationale Ansätze zum Erreichen sowohl ästhetischer als auch praktischer Ziele.

4. **Wissenschaftliche Ästhetik** verwendet empirische Methoden, um die neurobiologischen, psychologischen und kulturellen Faktoren zu untersuchen, die ästhetische Erfahrungen und Urteile formen.

Eine besonders interessante Manifestation ästhetischer Rationalität erscheint in der **Wissenschaft selbst**, wo ästhetische Kriterien wie Eleganz, Einfachheit und Symmetrie oft als Führungsprinzipien für Theoriekonstruktion und -evaluation dienen. Wissenschaftler bevorzugen typischerweise Theorien, die natürliche Phänomene mit maximaler Erklärungskraft und minimaler Komplexität beschreiben – eine Präferenz, die der Physiker Paul Dirac einst als Überzeugung ausdrückte, dass "physikalische Gesetze von mathematischer Schönheit sein sollten."

Diese ästhetische Dimension wissenschaftlicher Rationalität zeigt, dass ästhetische und logische Aspekte der Vernunft nicht scharf getrennt, sondern miteinander verwoben sind. Ästhetische Qualitäten wie Kohärenz, Eleganz und Harmonie haben sowohl kognitive als auch sensorische Dimensionen und können in beiden Sphären als Qualitätsmarker dienen.

Ästhetische Rationalität erinnert uns daran, dass menschliche Vernunft reicher und vielfältiger ist als nur formale Logik oder instrumentelle Berechnung. Sie umfasst auch Formen verkörperten, affektiven und kulturell situierten Verständnisses, die gleichermaßen essential für unser Navigieren und Sinnfinden in der Welt sind. Indem wir die ästhetische Dimension der Vernunft anerkennen, erreichen wir ein vollständigeres Bild der integrierten Natur menschlicher Kognition, in der Verstand und Sensibilität, Analyse und Synthese, Berechnung und Kontemplation zusammenarbeiten, um uns zu informieren, zu führen und zu inspirieren.

Teil IV: Grenzen und Erweiterungen

Kapitel 10: Emotionen und Vernunft

Die emotionale Grundlage der Rationalität

Die traditionelle Sichtweise stellt Emotion und Vernunft als Gegensätze dar – die eine wild, impulsiv und störend; die andere kühl, berechnend und objektiv. Diese vermeintliche Dichotomie ist tief in der westlichen intellektuellen Tradition verwurzelt, von Platons Metapher des Wagenlenkers, der die Pferde der Leidenschaft kontrolliert, bis zu Descartes' Trennung von Denken und Fühlen. Sie spiegelt sich in alltäglichen Ausdrücken wider, wenn wir Menschen auffordern, "emotional" statt "rational" zu sein, oder wenn wir

Entscheidungen als entweder "aus dem Bauch heraus" oder "mit dem Kopf" beschreiben.

Neuere Forschung in Neurowissenschaft, Psychologie und Philosophie hat jedoch ein grundlegend anderes Bild gezeichnet: Emotionen sind nicht Hindernisse für die Vernunft, sondern fundamentale Komponenten rationalen Denkens. Ohne emotionale Grundlagen wäre Vernunft entweder unmöglich oder tiefgreifend dysfunktional.

Der Neurologe Antonio Damasio lieferte bahnbrechende Belege für diese Sichtweise durch seine Studien von Patienten mit Schäden am ventromedialen präfrontalen Kortex, einem Gehirnbereich, der für die Integration von Emotion in Entscheidungsprozesse entscheidend ist. Diese Patienten behielten ihre abstrakten Denkfähigkeiten, logisches Schlussfolgern und Faktenwissen, zeigten aber erhebliche Beeinträchtigungen in der praktischen Entscheidungsfindung und im sozialen Funktionieren.

In seinem Buch "Descartes' Irrtum" beschreibt Damasio den Fall von "Elliot", der nach der Entfernung eines Tumors im präfrontalen Bereich seine Entscheidungsfähigkeiten dramatisch verändert sah. Obwohl Elliot in formalen Tests gut abschnitt, war er unfähig, einfache Alltagsaufgaben zu erledigen. Er konnte stundenlang zwischen belanglosen Optionen schwanken, wie welchen Termin er wählen oder welches Restaurant er besuchen sollte. Ohne emotionale Signale fehlte ihm der Rahmen, um Prioritäten zu setzen, Entscheidungen zu treffen und Ziele zu verfolgen.

Diese und ähnliche Studien legen nahe, dass Emotionen auf mehrere wesentliche Weisen zur Rationalität beitragen:

1. **Valenz und Wert**: Emotionen helfen uns, der Welt Wert und Bedeutung zuzuweisen. Ohne emotionale Reaktionen gäbe es keine Grundlage, etwas als wichtiger als etwas anderes zu betrachten. Rein logisches Denken ohne emotionale Grundierung könnte endlos zwischen Optionen abwägen, ohne je zu einer Entscheidung zu gelangen.

2. **Aufmerksamkeitslenkung**: Emotionen lenken selektiv unsere Aufmerksamkeit auf relevante Aspekte unserer Umgebung. Angst richtet unseren Fokus auf Bedrohungen, Freude auf Belohnungen, und Trauer auf Verluste. Diese emotionale Gewichtung ist entscheidend für effiziente Informationsverarbeitung in komplexen Umgebungen.

3. **Gedächtniskonsolidierung**: Emotionale Erfahrungen werden bevorzugt in autobiografische Erinnerungen kodiert. Diese emotional markierten Erinnerungen bilden eine Erfahrungsbasis, die zukünftige Entscheidungen informiert, und erlauben uns, aus vergangenen Fehlern und Erfolgen zu lernen.

4. **Handlungsmotivation**: Emotionen liefern die Energie und Richtung für Handlung. Ohne emotionale Beteiligung wüssten wir vielleicht theoretisch, was zu tun ist, hätten aber keinen Impuls, zu handeln.

5. **Somatische Marker**: Damasio schlug vor, dass vergangene emotionale Erfahrungen als "somatische Marker" kodiert werden – körperliche Empfindungen, die auftreten, wenn wir

Entscheidungsoptionen evaluieren. Diese können als emotionale Abkürzungen dienen, die schnelle, effiziente Entscheidungsfindung ermöglichen, ohne jedes Mal explizit alle Vor- und Nachteile abwägen zu müssen.

6. **Soziale Kognition**: Emotionen sind grundlegend für das Verstehen anderer Menschen und das Navigieren sozialer Interaktionen. Empathie, emotionale Ansteckung und emotionale Perspektivenübernahme sind wesentlich für Kooperation, moralisches Verständnis und soziale Koordination.

Die neurobiologische Basis dieser Verbindung zwischen Emotion und Rationalität liegt in der tiefen Verflechtung von Hirnregionen, die an emotionaler Verarbeitung und hochgradigem Denken beteiligt sind. Die präfrontalen Bereiche, die für Exekutivfunktionen verantwortlich sind, sind eng mit dem limbischen System verbunden, das Emotion reguliert. Diese neuronale Architektur ermöglicht ein kontinuierliches Wechselspiel zwischen emotionalen Reaktionen und kognitiver Verarbeitung.

Aus evolutionärer Perspektive sind Emotionen entwickelt worden, um adaptive Funktionen zu erfüllen. Sie stellen schnelle, automatische Reaktionen auf Umweltherausforderungen dar, geformt durch Millionen Jahre evolutionärer Anpassung. Vor der Entwicklung abstrakter Vernunft dienten Emotionen als primäre Mechanismen für schnelle Entscheidungsfindung in Situationen, in denen Verzögerung kostspielig sein könnte. Daher repräsentieren Emotionen eine Art "verkörperte Weisheit" – adaptive Lösungen für wiederkehrende Probleme, denen unsere Vorfahren gegenüberstanden.

Diese Sichtweise bedeutet nicht, dass alle emotionalen Reaktionen rational sind oder dass Emotionen nie das Denken stören können. Emotionen, die in einem evolutionären Kontext adaptiv waren, können in der modernen Welt manchmal fehlgeleitet sein. Phobien, Impulskäufe und flüchtige Leidenschaften können alle zu Entscheidungen führen, die wir später bereuen. Dies gilt besonders, wenn Emotionen sehr intensiv werden oder wenn es einen Missmatch zwischen unseren emotionalen Reaktionen und den Merkmalen unserer gegenwärtigen Umgebung gibt.

Daher ist die weiseste Herangehensweise an das Verhältnis von Emotion und Vernunft nicht, Emotionen zu unterdrücken oder zu ignorieren, sondern zu kultivieren, was Aristoteles "angemessene Emotionen" nannte – emotionale Reaktionen, die zur Situation passen und die vernünftiges Handeln unterstützen statt zu hindern. Emotionale Regulation, die Fähigkeit, unsere Emotionen zu modulieren, statt von ihnen überwältigt zu werden, ist ein wesentlicher Aspekt von Rationalität.

Ein integriertes Verständnis von Emotion und Vernunft hat wichtige Implikationen:

1. **Bildung**: Effektive Rationalitätsbildung sollte nicht versuchen, Emotionen zu eliminieren, sondern die Entwicklung emotionaler Intelligenz und Regulation fördern.

2. **Ethisches Denken**: Moralisches Urteilen und Handeln erfordert sowohl emotionale Reaktionen wie Empathie und Gerechtigkeitsempfinden als auch vernünftige Überlegung.

3. **Entscheidungsfindung**: Die besten Entscheidungen integrieren sowohl emotionale als auch analytische Inputs, besonders bei komplexen Problemen mit bedeutenden persönlichen oder sozialen Dimensionen.

4. **Künstliche Intelligenz**: Wirklich intelligente Maschinen könnten Analoga zu emotionalen Prozessen benötigen, um effektiv in der menschlichen Welt zu funktionieren und bedeutungsvolle Entscheidungen zu treffen.

Die neuere Forschung bestätigt, was einige Philosophen lange vermutet haben: Emotion und Vernunft sind weder Gegensätze noch völlig unterschiedliche Fakultäten, sondern miteinander verflochtene Aspekte eines integrierten kognitiven Systems. Wie der Philosoph David Hume bemerkte: "Die Vernunft ist und sollte nur die Sklavin der Leidenschaften sein" – nicht in dem Sinne, dass rationales Denken emotional getriebenen Impulsen untergeordnet sein sollte, sondern dass Vernunft ohne die motivationale Kraft und wertgebende Funktion der Emotion leer und ineffektiv wäre.

Emotionale Intelligenz

Emotionale Intelligenz (EI) repräsentiert eine Erweiterung unseres Verständnisses von Intelligenz über traditionelle kognitive Fähigkeiten hinaus, zur Einbeziehung der Kapazität, Emotionen zu verstehen, zu managen und effektiv zu nutzen. Dieses Konzept, populär gemacht durch Daniel Golemans Bestseller von 1995, hat seinen Ursprung in der akademischen Arbeit von Psychologen Peter Salovey und John Mayer, die EI als "die Fähigkeit, Emotionen zu überwachen – die eigenen und die anderer – zwischen ihnen zu unterscheiden und diese Information

zu nutzen, um eigenes Denken und Handeln zu leiten"
definierten.

Emotionale Intelligenz umfasst mehrere miteinander
verbundene Fähigkeiten:

1. **Emotionswahrnehmung**: Die Fähigkeit,
   Emotionen in sich selbst und anderen genau zu
   identifizieren. Dies beinhaltet Aufmerksamkeit für
   Gesichtsausdrücke, Körpersprache, Stimmlage
   und physiologische Zustände.

2. **Emotionsverständnis**: Die Fähigkeit, emotionale
   Sprache zu verstehen, Muster zu erkennen und zu
   antizipieren, wie Emotionen sich im Zeitverlauf
   entwickeln.

3. **Emotionsregulation**: Die Fähigkeit, eigene
   Emotionen zu modulieren – sie sowohl zu
   verstärken als auch zu dämpfen – um situativ
   angemessene Reaktionen zu fördern.

4. **Emotionsnutzung**: Die Fähigkeit, Emotionen zu
   nutzen, um kognitive Prozesse wie Kreativität,
   Problemlösung und Entscheidungsfindung zu
   verbessern.

Diese Fähigkeiten sind für effektive Rationalität aus
mehreren Gründen entscheidend:

Intrapersonelle Vorteile emotionaler Intelligenz
umfassen:

1. **Bessere Entscheidungsfindung**: Durch das
   Bewusstsein, wie Emotionen das Urteilen
   beeinflussen, können emotional intelligente
   Individuen erkennen, wann ihre Entscheidungen
   möglicherweise durch irrelevante emotionale

Faktoren verzerrt werden. Sie können zwischen Situationen unterscheiden, in denen emotionale Reaktionen wertvolle Signale liefern, und solchen, in denen sie irreführend sein könnten.

2. **Kognitive Flexibilität**: Die Fähigkeit, Emotionen zu regulieren, ermöglicht Perspektivwechsel und Anpassung des Denkens an sich ändernde Umstände. Wenn negative Emotionen außer Kontrolle geraten, können sie das Denken einengen und Fixierung fördern; effektive Emotionsregulation kann diese Einschränkungen mildern.

3. **Motivation und Durchhaltevermögen**: Emotionale Intelligenz unterstützt langfristige Zielverfolgung durch die Fähigkeit, unmittelbare emotionale Impulse zugunsten längerfristiger Ziele zu verzögern (oft als Belohnungsaufschub bezeichnet).

4. **Stressmanagement**: Durch die Regulation von Emotionen wie Angst und Frustration können emotional intelligente Individuen unter Druckbedingungen klarer denken, wenn die Kognition sonst durch überwältigende emotionale Reaktionen beeinträchtigt wäre.

Interpersonelle Vorteile emotionaler Intelligenz umfassen:

1. **Verbesserte Kommunikation**: Das Verständnis eigener und fremder Emotionen ermöglicht klarere, effektivere Kommunikation, was zu besserer Informationsübermittlung und reduzierten Missverständnissen führt.

2. **Kollektive Intelligenz**: Gruppen mit höherer durchschnittlicher emotionaler Intelligenz zeigen bessere kollaborative Problemlösung und Entscheidungsfindung. Die Fähigkeit, Gruppenprozesse zu erkennen und zu navigieren, ermöglicht produktivere Teamarbeit.

3. **Konfliktlösung**: Emotional intelligente Individuen können Spannungen deeskalieren, unterschiedliche Perspektiven verstehen und Win-Win-Lösungen in Konfliktsituationen finden.

4. **Führung**: Effektive Führung beinhaltet die Fähigkeit, andere zu motivieren, zu inspirieren und zu unterstützen – alles Funktionen, die emotionale Intelligenz erfordern.

Moralische Dimensionen: Emotionale Intelligenz spielt auch eine zentrale Rolle im moralischen Denken und Handeln:

1. **Empathie**, ein Kernaspekt emotionaler Intelligenz, ermöglicht uns, die Auswirkungen unserer Handlungen auf andere zu antizipieren und zu verstehen, was fundamentale moralische Urteile informiert.

2. **Moralische Emotionen** wie Schuldgefühle, Scham, Empörung und Mitgefühl liefern motivationale Kraft für ethisches Verhalten. Die Fähigkeit, diese Emotionen angemessen zu erfahren und zu regulieren, ist entscheidend für moralische Entwicklung.

3. **Emotionale Selbstreflexion** hilft, zwischen authentischen moralischen Intuitionen und verzerrten Reaktionen zu unterscheiden, die durch

persönliche Vorurteile oder kulturelle Konditionierung entstehen könnten.

Neurologische Grundlagen emotionaler Intelligenz umfassen:

1. **Präfrontaler Kortex**: Spielt eine Schlüsselrolle in Exekutivfunktionen und emotionaler Regulierung, besonders der ventromediale und dorsolaterale präfrontale Kortex.

2. **Anterior cingulärer Kortex**: Beteiligt an emotionaler Aufmerksamkeit und Erkennung von Konflikten zwischen konkurrierenden emotionalen und kognitiven Signalen.

3. **Amygdala**: Entscheidend für emotionale Verarbeitung, besonders Bedrohungserkennung, aber auch involviert in einer breiteren Palette emotionaler Reaktionen.

4. **Insula**: Wichtig für Interozeption (Wahrnehmung innerer Körperzustände), eine Grundlage für emotionales Bewusstsein.

Diese Hirnregionen entwickeln sich durch die Kindheit und Jugend, wobei die präfrontalen Regionen, die für hohe emotionale Intelligenz entscheidend sind, zu den letzten Bereichen gehören, die ausreifen. Dies erklärt teilweise, warum emotionale Selbstregulation und soziale Urteilsfähigkeit während der Adoleszenz oft herausfordernd sind.

Kann emotionale Intelligenz kultiviert werden?
Forschung legt nahe, dass EI, im Gegensatz zu traditioneller IQ, die als relativ stabil angesehen wird, signifikant durch Übung, Bildung und Erfahrung

verbessert werden kann. Strategien zur Kultivierung emotionaler Intelligenz umfassen:

1. **Achtsamkeitspraktiken**, die erhöhtes Bewusstsein für emotionale Zustände fördern, ohne sofortige Reaktion

2. **Kognitiv-behaviorale Techniken**, die helfen, die Beziehung zwischen Gedanken, Gefühlen und Verhalten zu verstehen

3. **Empathie-Training** durch Perspektivenübernahmeübungen und aktives Zuhören

4. **Emotionsvokabular-Erweiterung** zur Verbesserung der Fähigkeit, nuancierte emotionale Erfahrungen zu identifizieren und auszudrücken

5. **Soziale Kompetenzentwicklung** durch strukturierte Übung, Feedback und Reflexion

Diese Bildungsansätze sind besonders wirksam, wenn sie früh im Leben beginnen und in verschiedenen Kontexten verstärkt werden. Programme zur sozialen und emotionalen Entwicklung in Schulen haben sich als effektiv erwiesen, um nicht nur emotionale Kompetenzen zu verbessern, sondern auch akademische Leistung, prosoziales Verhalten und mentale Gesundheit.

Kritik und Kontroversen um emotionale Intelligenz betreffen mehrere Bereiche:

1. **Definitorische Unsicherheit**: Verschiedene Modelle emotionaler Intelligenz – manche betonen sie als Fähigkeit, andere als

Persönlichkeitsmerkmal – haben zu konzeptueller Verwirrung geführt.

2. **Herausforderungen der Messung**: Die Bewertung emotionaler Intelligenz gestaltet sich schwieriger als traditionelle kognitive Tests, mit Debatten über die relative Validität von Leistungstests versus Selbstberichten.

3. **Kulturelle Variationen**: Was in einem kulturellen Kontext als emotional intelligent gilt, mag in einem anderen unangemessen sein, was Fragen zur Universalität des Konstrukts aufwirft.

4. **Risiko der Überbetonung**: Manche kritisieren die zunehmende Betonung emotionaler Fähigkeiten als potenzielle Vernachlässigung traditionellerer intellektueller Fähigkeiten oder als verdeckte Form sozialer Kontrolle.

Trotz dieser Bedenken bleibt die Kernidee der emotionalen Intelligenz – dass der effektive Umgang mit Emotionen ein wesentlicher Aspekt rationalen Handelns ist – gut unterstützt. Das Konzept hat dazu beigetragen, unser Verständnis von Intelligenz zu erweitern und die falsche Dichotomie zwischen Emotion und Vernunft zu korrigieren.

In einer zunehmend komplexen und vernetzten Welt, wo rein technische Kenntnisse oft nicht ausreichen, um komplexe Probleme zu lösen oder in vielfältigen Teams zu navigieren, wird die Fähigkeit, Emotionen zu verstehen und zu nutzen, zu einer immer entscheidenderen Komponente menschlicher Intelligenz und Adaptivität.

Intuition als schnelle Vernunft

Intuition – die Fähigkeit, zu verstehen oder zu wissen, ohne bewusste Überlegung – wurde historisch oft der Vernunft gegenübergestellt. In dieser Dichotomie erscheint Intuition mysteriös, irrational und unwissenschaftlich, während Vernunft methodisch, transparent und zuverlässig ist. Neuere Forschung in Kognitionswissenschaft, Psychologie und Neurowissenschaft hat jedoch ein nuancierteres Bild gezeichnet: Intuition kann als eine Form "schneller Vernunft" verstanden werden – ein kognitiver Prozess, der schnelle, automatische und unbewusste Verarbeitung nutzt, um zu Urteilen zu gelangen, die oft bemerkenswert akkurat sind.

Die kognitive Basis der Intuition lässt sich am besten durch Dual-Process-Theorien des Denkens verstehen, die zwischen zwei Modi der Informationsverarbeitung unterscheiden:

1. **System 1** (intuitives Denken): schnell, parallel, automatisch, mühelos, implizit, emotional und schwer zu verbalisieren

2. **System 2** (analytisches Denken): langsam, seriell, kontrolliert, anstrengend, regelbasiert, neutral und bewusst zugänglich

Intuition entsteht primär aus System-1-Prozessen. Anders als bloße Raterei oder unbegründete Gefühle basiert Intuition typischerweise auf implizitem Lernen und

Mustererkennung. Durch wiederholte Erfahrung in einer Domäne kodiert unser Gehirn subtile Korrelationen, statistische Regularitäten und kausale Muster, oft ohne bewusstes Gewahrsein dieser Lernprozesse.

Der Psychologe Gary Klein bezeichnete diesen Prozess als "Erfahrungsbasierte Entscheidungsfindung" und dokumentierte, wie Experten wie Feuerwehrkommandanten, Schachmeister oder erfahrene Krankenschwestern oft blitzschnell akkurate Entscheidungen treffen können, ohne ihre Gründe artikulieren zu können. Anstatt explizite Analysen durchzuführen, erkennen sie Situationen durch ihre Ähnlichkeit mit früheren Erfahrungen und rufen automatisch angemessene Handlungsmuster ab.

Neurologische Korrelate von Intuition umfassen:

1. **Basalganglien**: Beteiligt an implizitem Lernen und prozeduralem Gedächtnis

2. **Anteriore Insula**: Aktiv bei intuitivem Entscheiden und der Integration von viszeralen Signalen

3. **Medialer frontaler Kortex**: Involviert in der automatischen Bewertung der Plausibilität von Informationen

4. **Ventromedialer präfrontaler Kortex**: Kritisch für die Integration emotionaler mit kognitiven Inputs

Diese Hirnregionen arbeiten zusammen, um schnelle Bewertungen der Vertrautheit, emotionalen Valenz und Konsistenz eingehender Informationen mit bestehendem Wissen zu ermöglichen.

Formen der Intuition variieren je nach Domäne und Prozess:

1. **Expertenintuition** entsteht aus extensiver Domänenerfahrung und dem Aufbau reichhaltiger mentaler Modelle. Sie basiert auf echten Fähigkeiten und Wissen, ist jedoch implizit und oft schwer zu verbalisieren. Beispiele umfassen die Fähigkeit eines erfahrenen Arztes, subtile Muster in Symptomen zu erkennen, oder eines erfahrenen Ingenieurs, potenzielle Probleme in einem Design zu "spüren".

2. **Soziale Intuition** beinhaltet schnelles Lesen sozialer Signale und zwischenmenschlicher Dynamiken. Sie stützt sich auf automatische Verarbeitung nonverbaler Hinweise, Gesichtsausdrücke und sozialer Kontexte, oft mit beachtlicher Genauigkeit.

3. **Kreative Intuition** bezieht sich auf plötzliche Einsichten oder "Aha-Momente", die scheinbar aus dem Nichts auftauchen. Sie entsteht typischerweise nach Perioden intensiver bewusster Arbeit an einem Problem, gefolgt von Inkubation – eine Zeit, in der das Problem nicht bewusst bearbeitet wird, aber unbewusste Prozesse weiter daran arbeiten.

4. **Moralische Intuition** umfasst unmittelbare emotionale Reaktionen auf ethische Situationen, die moralische Urteile informieren. Moralpsychologen wie Jonathan Haidt argumentieren, dass moralische Urteile oft zuerst intuitiv sind, gefolgt von post-hoc-Rationalisierungen.

5. **Körperliche Intuition** manifestiert sich in implizitem motorischem Wissen und Körperbewusstsein. Sie ist entscheidend für athletische Leistung, Tanz und handwerkliche Fähigkeiten, wo das Körperwissen oft die bewusste Artikulation übertrifft.

Diese verschiedenen Formen der Intuition vereint, dass sie alle auf implizitem Lernen und Mustererkennung beruhen, aber in verschiedenen Domänen operieren und auf unterschiedliche Arten von Erfahrungen und Hinweisen angewendet werden.

Stärken der Intuition machen sie zu einem wertvollen kognitiven Werkzeug:

1. **Geschwindigkeit**: Intuition ermöglicht fast sofortige Reaktionen, was in zeitkritischen Situationen entscheidend sein kann.

2. **Parallele Verarbeitung**: Intuition kann simultan multiple Informationskanäle verarbeiten und komplexe Muster erkennen, die serielle analytische Verarbeitung überfordern würden.

3. **Komplexitätsbewältigung**: In Situationen mit zahlreichen interagierenden Variablen kann Intuition oft Lösungen liefern, wenn explizite Analyse durch Informationsüberlastung behindert wird.

4. **Nuancen-Erkennung**: Intuition kann subtile, schwer zu quantifizierende Faktoren einbeziehen, die formalen Modellen entgehen könnten.

5. **Integrierte Bewertung**: Intuition liefert ganzheitliche Urteile, die kognitive und affektive Aspekte integrieren, statt sie künstlich zu trennen.

Grenzen und Fallstricke der Intuition müssen jedoch anerkannt werden:

1. **Systematische Verzerrungen**: Intuitionen sind anfällig für kognitive Verzerrungen wie Bestätigungstendenz, Verfügbarkeitsheuristik und Stereotypisierung, besonders in Domänen, in denen der Lernfeedback-Zyklus unzuverlässig ist.

2. **Domänenspezifizität**: Intuitive Expertise transferiert oft schlecht zwischen Domänen; ein Experte in einem Bereich kann in einem anderen naiver Intuition unterliegen.

3. **Kultur- und Kontextabhängigkeit**: Intuitionen sind durch kulturelle Annahmen und Kontextfaktoren geformt, die ihre Universalität einschränken können.

4. **Übervertrauen**: Menschen überschätzen oft die Genauigkeit ihrer Intuitionen, besonders wenn sie sich in ihrem Fachwissen befinden.

5. **Mangelnde Transparenz**: Die unbewusste Natur intuitiver Prozesse macht sie schwieriger zu überprüfen, zu erklären und zu rechtfertigen als explizites Denken.

Wann sollte man der Intuition vertrauen? Forschung deutet auf mehrere Bedingungen hin, unter denen Intuition besonders zuverlässig sein kann:

1. **Vorhersagbare Umgebungen**: Intuition funktioniert am besten in Domänen mit stabilen Beziehungen zwischen identifizierbaren Hinweisen und zukünftigen Ereignissen oder der Qualität von Ergebnissen.

2. **Ausreichende Praxisexposition**: Zuverlässige Intuition erfordert extensive Erfahrung in der relevanten Domäne, idealerweise mit klarem Feedback über die Genauigkeit früherer Urteile.

3. **Angemessene emotionale Beteiligung**: Ein gemäßigtes emotionales Engagement kann intuitive Urteile verbessern, während extreme Emotionen sie verzerren können.

4. **Abwesenheit von Interferenz**: Intuition funktioniert besser, wenn sie nicht durch übermäßige Verbalisierung oder Fokussierung auf Einzelmerkmale statt auf das Gesamtbild unterbrochen wird.

Unter diesen Bedingungen kann Intuition als Form "kompilierter Expertise" betrachtet werden – das Ergebnis extensiven Lernens, das in automatisierten Erkennungskapazitäten verkörpert ist.

Die Beziehung zwischen Intuition und analytischer Vernunft ist am besten als komplementär statt antagonistisch zu verstehen. Effektives Denken beinhaltet typischerweise ein Wechselspiel zwischen beiden:

1. **Intuitive Hypothesengenerierung**: Intuition kann kreative Hypothesen und Lösungsrichtungen vorschlagen, die dann durch analytisches Denken überprüft werden können.

2. **Analytische Verfeinerung**: Explizite Analyse kann intuitive Urteile verfeinern, korrigieren und erweitern, indem sie Inkonsistenzen identifiziert oder Faktoren berücksichtigt, die der Intuition entgangen sein könnten.

3. **Metakognitive Urteile**: Höherstufige intuitive Gefühle ("feeling of rightness", "feeling of knowing") können helfen zu entscheiden, wann tiefere analytische Verarbeitung nötig ist.

4. **Gegenseitige Bildung**: Explizites analytisches Denken kann über die Zeit in implizite intuitive Expertise "kompiliert" werden, während intuitive Einsichten zu neuen analytischen Frameworks führen können.

Der Psychologe Robin Hogarth unterscheidet zwischen "freundlichen" Lernumgebungen, wo Intuition gut kalibriert werden kann, und "unfriendlichen" Umgebungen, wo verzerrtes Feedback oder idiosynkratische Muster zu systematisch fehlerhaften Intuitionen führen können. In letzteren sind analytische Methoden oft zuverlässiger.

Praktische Implikationen für die Kultivierung und Nutzung intuitiver Vernunft umfassen:

1. **Expertise-Entwicklung**: Die Schaffung zuverlässiger Intuition erfordert extensive, adaptive Praxis mit qualitativem Feedback – ein "Zehntausend-Stunden"-Ansatz, der deliberative Praxis statt bloße Wiederholung betont.

2. **Metakognitive Kalibrierung**: Die Entwicklung von Sensibilität dafür, wann man der eigenen Intuition vertrauen kann und wann nicht – eine Art

"Intuition über Intuition" – ist eine entscheidende Metafähigkeit.

3. **Domänenidentifikation**: Die Erkennung von Domänen, in denen Intuition zuverlässig ist (typischerweise solche mit hoher Validität und ausreichender Lerngelegenheit) versus solchen, in denen sie wahrscheinlich fehlerhaft ist.

4. **Komplementäre Strategien**: Die Integration intuitiver Urteile mit analytischen Methoden, wobei jede Modalität in den Kontexten eingesetzt wird, für die sie am besten geeignet ist.

5. **Kognitive Entschleunigung**: Das Erlernen, die Geschwindigkeit des Denkens zu verlangsamen, wenn Situation es erfordert, um zu verhindern, dass voreilige Intuitionen analytisches Denken überstimmen.

Das Verständnis von Intuition als Form "schneller Vernunft" statt als Gegensatz zur Rationalität hilft uns, ihre Stärken zu nutzen und ihre Grenzen zu respektieren. Intuition und analytisches Denken sind nicht konkurrierende Denkweisen, sondern komplementäre Prozesse, die zusammenarbeiten, um das gesamte Spektrum kognitiver Herausforderungen zu adressieren, denen wir gegenüberstehen.

Die Komplementarität von Gefühl und Verstand

Die Beziehung zwischen Gefühl und Verstand wurde oft durch das Prisma der Opposition gesehen – als konkurrierende, sogar antagonistische Kräfte, die um Dominanz über menschliches Erleben und Verhalten ringen. Diese scharfe Dichotomie hat tiefe Wurzeln in der westlichen intellektuellen Tradition, von Platons Allegorie des Wagenlenkers bis zu Descartes' Trennung von Körper und Geist, und manifestiert sich in populären Vorstellungen von "Herz gegen Kopf" und "Leidenschaft gegen Logik".

Doch zunehmend enthüllen moderne Wissenschaft und Philosophie ein deutlich unterschiedliches Bild: Gefühl und Verstand stehen in einer dynamischen, wechselseitig unterstützenden Beziehung. Sie sind nicht gegensätzliche Kräfte, sondern integrierte Aspekte eines einheitlichen kognitiv-affektiven Systems, das adaptive Funktion und menschliches Gedeihen unterstützt.

Die evolutionäre Perspektive beleuchtet diese Komplementarität. Aus evolutionärer Sicht können Emotionen als evolvierte psychologische Adaptationen verstanden werden – spezialisierte Modi der Informationsverarbeitung und Verhaltensorganisation, die entwickelt wurden, um spezifische adaptive Probleme zu lösen, denen unsere Vorfahren wiederholt gegenüberstanden. Zum Beispiel:

- **Furcht** organisiert schnelle, automatische Reaktionen auf unmittelbare Bedrohungen

- **Ekel** motiviert die Vermeidung potenzieller Krankheitsquellen

- **Liebe** fördert Bindung und kooperative Fürsorge

- **Empörung** mobilisiert Reaktionen auf wahrgenommene Normverletzungen

Diese emotionalen Systeme arbeiten parallel zu und in Integration mit kognitiven Prozessen, nicht in Opposition zu ihnen. Sie stellen eine Form "verkörperter Weisheit" dar – adaptive Intelligenz, die aus Millionen Jahren evolutionärer Anpassung destilliert wurde.

Neurowissenschaftliche Forschung unterstützt dieses integrierte Bild. Die neuronale Architektur des Gehirns zeigt extensive bidirektionale Verbindungen zwischen "emotionalen" Regionen (wie Amygdala, Insula und limbisches System) und "kognitiven" Arealen (wie präfrontaler Kortex und Hippocampus). Diese Verbindungen ermöglichen einen kontinuierlichen Dialog, bei dem:

- Emotionale Reaktionen kognitive Prozesse informieren, indem sie Salienz signalisieren und Aufmerksamkeit lenken

- Kognitive Bewertungen emotionale Reaktionen modulieren, verstärken oder dämpfen

- Die Integration beider angemessenere und nuanciertere Reaktionen auf komplexe Situationen ermöglicht

Der Neurowissenschaftler Antonio Damasio hat gezeigt, dass Patienten mit Schäden an Gehirnregionen, die für die Integration emotionaler und kognitiver Prozesse wichtig sind, schwerwiegende Defizite in der Entscheidungsfindung aufweisen – selbst wenn ihre abstrakten Denkfähigkeiten intakt sind. Ohne emotionale Inputs fehlt ihren Entscheidungen der motivationale Anker und die wertende Grundlage, die adaptive Wahl leitet.

Die kognitive Funktion von Emotionen zeigt sich auf vielfältige Weise:

1. **Informationswert**: Emotionen bieten schnelle, ganzheitliche Bewertungen von Situationen, die komplexe Faktoren integrieren können, die analytisches Denken überfordern könnten. Ein Gefühl der Unruhe in einer Situation kann subtile, schwer zu artikulierende Bedrohungshinweise reflektieren; ein Gefühl der Freude an einer Idee kann ihre Kongruenz mit tiefen Werten oder Zielen signalisieren.

2. **Prioritätssetzung**: Emotionen helfen, konkurrierende Anliegen zu ordnen, indem sie bestimmten Stimuli, Gedanken oder Zielen Dringlichkeit und Wichtigkeit zuweisen. Diese priorisierende Funktion ist für rationales Handeln in komplexen, ressourcenbeschränkten Umgebungen wesentlich.

3. **Commitment-Signalisierung**: Emotionen wie Empörung, Scham oder Stolz können glaubwürdige Signale sozialer Commitments darstellen, die rationale Kooperation in

Umgebungen ermöglichen, wo rein kalkulierendes Verhalten versagen würde.

4. **Informationsintegration**: Emotionale Reaktionen können komplexe multimodale Informationen integrieren, die bewusstes Denken überfordern würden, ähnlich wie neuronale Netzwerke komplexe Muster erkennen können, ohne explizite Regeln zu folgen.

Gleichzeitig spielen **kognitive Prozesse entscheidende Rollen in emotionaler Regulation und Entwicklung**:

1. **Kognitive Neubewertung** – die bewusste Uminterpretation emotionsauslösender Situationen – kann die emotionale Reaktion modulieren und eine reaktivere Haltung in eine reflektivere transformieren.

2. **Mentalisierung** – das Verstehen von Verhalten in Bezug auf mentale Zustände – ermöglicht nuancierteres emotionales Verständnis und angemessenere emotionale Reaktionen.

3. **Abstraktion und Planung** können emotionale Reaktionen über unmittelbare Stimuli hinaus auf langfristige Ziele ausrichten, eine Fähigkeit, die der präfrontale Kortex unterstützt.

4. **Metakognitive Sensibilisierung** für emotionale Prozesse kann ihre adaptive Regulation fördern, indem sie hilft zu erkennen, wann emotionale Reaktionen vertrauenswürdig oder möglicherweise irreführend sind.

Diese wechselseitige Unterstützung legt ein **komplementäres Modell** nahe, in dem:

- Emotionen Rationalität **untermauern**, indem sie Relevanz signalisieren, Werte etablieren und Entscheidungen mit motivationaler Kraft versehen

- Kognitive Prozesse Emotionen **verfeinern und regulieren**, indem sie ihre Spezifität, Angemessenheit und Zielausrichtung verbessern

- Beide sich gegenseitig **informieren und modifizieren** in einer Feedback-Schleife, die über die Zeit zu weiseren Urteilen und Handlungen führt

Das Modell "emotionaler Intelligenz" (EI) erfasst diese Integration, indem es die Fähigkeit betont, Emotionen akkurat wahrzunehmen, zu verstehen, zu managen und zu nutzen. Hohe EI ist mit besseren Lebensergebnissen in verschiedenen Domänen verbunden, von akademischer und beruflicher Leistung bis zu Beziehungsqualität und mentaler Gesundheit. Diese Befunde unterstützen die Ansicht, dass die effektivste Form der Rationalität eine ist, die Emotion integriert, nicht eliminiert.

Philosophische Traditionen, die diese komplementäre Beziehung erkannt haben, umfassen:

- **Aristoteles' Tugendethik**, die die Rolle angemessener Emotionen (nicht deren Abwesenheit) in tugendhaftem Handeln betont

- **Spinozas Konzeption** aktiver Emotionen, die aus adäquatem Verständnis entstehen

- **Humes** Betonung von Leidenschaft als motivationale Grundlage der Vernunft

- **Feministische Epistemologien**, die die Rolle von Emotion in ethischem Wissen und Care-Ethik hervorheben

- **Deweys Pragmatismus**, der die kontinuierliche Interaktion von "Gefühl" und "Denken" in experimenteller Untersuchung betont

Auch kulturübergreifende Perspektiven unterstützen ein integriertes Bild. Viele östliche Traditionen, besonders buddhistische Psychologie, haben lange die Integration von Emotion und Kognition in ausgeglichener Weisheit betont. Das chinesische Konzept von "xin" (oft als "Herz-Geist" übersetzt) erfasst diese Einheit und vermeidet die scharfe westliche Dichotomie.

Praktische Implikationen dieser komplementären Sichtweise für kultivierte Rationalität umfassen:

1. **Emotionale Bildung** ist ein wesentlicher Aspekt der Rationalitätsbildung. Die Entwicklung emotionaler Bewusstheit, Vokabular und Regulationsfähigkeiten sollte neben kritischem Denken und logischem Schlussfolgern gefördert werden.

2. **Integrative Entscheidungsmodelle** sollten sowohl emotionale als auch kognitive Inputs wertschätzen, wobei jeder als Quelle wertvoller Informationen und Perspektiven betrachtet wird.

3. **Kultivierung von Metabewusstsein** – die Fähigkeit, gleichzeitig zu fühlen und das Gefühl zu beobachten – kann emotionale Reaktionen in Informationsquellen statt in unkritisch akzeptierte Führungskräfte transformieren.

4. **Optimale Emotionalität** statt emotionaler Neutralität sollte angestrebt werden. Die Frage ist nicht, ob Emotionen in rationalem Denken präsent sein sollten, sondern welche Art, Intensität und Regulation am besten adaptive Funktion unterstützen.

5. **Domänenspezifizität** in der Balance zwischen affektiven und kognitiven Prozessen. Einige Situationen erfordern möglicherweise stärkeres Vertrauen auf unmittelbare emotionale Reaktionen, während andere von deliberativerer Analyse profitieren.

Diese integrierte Sichtweise ersetzt die Frage "Sollen wir unseren Gefühlen oder unserem Verstand folgen?" mit nuancierteren Fragen wie "Welche emotionalen Reaktionen sollten wir kultivieren?", "Wie können wir Emotionen und Kognition am effektivsten integrieren?" und "Welche Balance ist für diese spezifische Situation am angemessensten?"

Letztendlich ist das adaptive menschliche Funktionieren weder durch kalte Berechnung ohne emotionale Beteiligung noch durch unkontrollierte emotionale Reaktionen ohne kognitive Führung gekennzeichnet. Es manifestiert sich stattdessen durch ein dynamisches Wechselspiel zwischen Gefühl und Verstand – eine Harmonie, nicht ein Wettbewerb –, in der beide ihre komplementären Stärken beitragen, um Weisheit zu erzeugen, die größer ist als die Summe ihrer Teile.

Kapitel 11: Künstliche und außerirdische Vernunft

Alternative Formen der Rationalität

Die menschliche Rationalität, wie sie in diesem Buch bisher dargestellt wurde, ist nur eine mögliche Form des rationalen Denkens. Die Struktur, Parameter und Eigenschaften unserer Vernunft werden durch unsere spezifische evolutionäre Geschichte, biologische Beschaffenheit, sozialen Strukturen und kulturellen Entwicklungen geprägt. Obwohl bestimmte Prinzipien der Rationalität – wie logische Konsistenz und empirische Anpassung – möglicherweise universell sind, könnten die spezifischen Ausdrucksformen und Prozesse rationalen Denkens erheblich variieren.

In diesem Kapitel betrachten wir alternative Formen der Rationalität, die sich von der menschlichen unterscheiden könnten – sowohl bestehende als auch hypothetische. Durch die Erkundung solcher Alternativen können wir ein tieferes Verständnis rationalen Denkens im Allgemeinen und der spezifischen Konturen menschlicher Rationalität im Besonderen gewinnen.

1. Kollektive Rationalität in nicht-menschlichen Spezies

Mehrere Tierarten zeigen bemerkenswerte Formen kollektiver Problemlösung und Entscheidungsfindung, die als alternative Formen rationalen Denkens betrachtet werden können:

- **Ameisen- und Bienenkolonien** nutzen verteilte, emergente Entscheidungsprozesse. Individuelle Insekten folgen einfachen Regeln, aber kollektiv können sie komplexe Aufgaben lösen, von der Identifizierung optimaler Nahrungsquellen bis zur Auswahl neuer Neststandorte. Diese "Schwarm-Intelligenz" unterscheidet sich grundlegend von hierarchischen, zentralisierten Entscheidungsmodellen und nutzt die Weisheit kollektiver Bewertung ohne zentralen Koordinator.

- **Delfine und bestimmte Primaten** zeigen kooperative Problemlösungsfähigkeiten, die unterschiedliche kognitive Stärken kombinieren. In Delfingruppen können verschiedene Individuen unterschiedliche Rollen in koordinierten Jagdstrategien übernehmen, was eine Form sozialer Metakognition darstellt – ein Bewusstsein für die komplementären Fähigkeiten verschiedener Gruppenmitglieder.

- **Afrikanische Wildhunde** verwenden eine Form "demokratischer" Entscheidungsfindung, bei der die Gruppe durch kollektives Niesen entscheidet, wann zur Jagd aufzubrechen ist, mit einem Quorum-Schwellenwert, der den Grad des Gruppeneinverständnisses anzeigt.

Diese Formen kollektiver Kognition können als alternative Rationalitätsmodelle betrachtet werden – Adaptationen, die Problemlösung ohne die individualisierte, sprachbasierte Vernunft ermöglichen, die Menschen typischerweise einsetzen.

2. Radikal unterschiedliche kognitive Architekturen

Sogar unter irdischen Organismen finden wir grundlegend unterschiedliche kognitive Systeme:

- **Cephalopoden** (insbesondere Oktopusse) haben Nervensysteme, die sich dramatisch von denen der Wirbeltiere unterscheiden, mit bedeutender neuronaler Verarbeitung, die in ihren Armen stattfindet. Diese verteilte, weniger zentralisierte kognitive Architektur könnte eine Form der Intelligenz unterstützen, die sich qualitativ von der Wirbeltierintelligenz unterscheidet – eine, die möglicherweise "denkt", indem sie physisch mit der Umgebung interagiert, statt sie mental zu modellieren.

- **Pflanzenintelligenz**, obwohl sie nicht dem entspricht, was wir typischerweise als "Denken" betrachten, umfasst ausgefeilte Signalverarbeitungs- und Reaktionssysteme, die es Pflanzen ermöglichen, auf Umweltveränderungen zu reagieren, Ressourcen zu allokieren und sogar mit anderen Pflanzen durch Mykorrhiza-Netzwerke zu "kommunizieren". Diese radikal unterschiedliche Form der Umweltverarbeitung und -reaktion könnte als alternative, hochgradig verteilte und langsam operierende Form adaptiver Kognition betrachtet werden.

- **Slime Molds** (wie Physarum polycephalum) können bemerkenswerte Problemlösungsfähigkeiten ohne

Zentralnervensystem oder irgendeine neuronale Struktur demonstrieren. Sie können Labyrinthe navigieren, effiziente Netzwerke konstruieren und sogar einfache Formen des Lernens zeigen – alles durch dezentrale chemische Prozesse statt durch Neuronen.

Diese alternativen kognitiven Architekturen helfen uns, unsere Konzeption dessen zu erweitern, was Informationsverarbeitung und Problemlösung konstituieren kann, und deuten auf die Möglichkeit von Rationalitätsformen hin, die sich von unserer eigenen stark unterscheiden.

3. Hypothetische außerirdische Rationalität

Außerirdische Intelligenzen, sollten sie existieren, könnten Formen der Vernunft entwickelt haben, die auf grundlegend unterschiedlichen Grundlagen basieren als die menschliche:

- **Unterschiedliche sensorische Grundlagen**: Eine Spezies mit radikal anderen Sinnesmodalitäten – beispielsweise eine, die primär durch Elektrorezeption oder Echoortung wahrnimmt – würde möglicherweise sehr unterschiedliche Arten von Denkmustern, Metaphern und Konzeptualisierungen entwickeln. Ihre grundlegenden kognitiven Kategorien und Strukturen könnten sich erheblich von unseren unterscheiden.

- **Alternative Zeitwahrnehmung**: Organismen mit drastisch schnelleren oder langsameren Verarbeitungsgeschwindigkeiten oder Lebensspannen könnten radikal unterschiedliche Auffassungen von Kausalität, Planung und historischer Entwicklung haben. Eine kurzlebige, schnell denkende Spezies könnte ein starkes Echtzeit-Reaktionsvermögen priorisieren, während eine langlebige, langsamer denkende Spezies möglicherweise tiefe, kontemplative Rationalität über unmittelbare Reaktionsfähigkeit entwickeln würde.

- **Gruppenkognition**: Eine Spezies könnte eine Form von Herdenbewusstsein oder kollektiver Kognition entwickeln, bei der individuelles und Gruppendenken stärker integriert sind als in menschlichen Gesellschaften. Dies könnte zu Formen rationaler Deliberation führen, die weniger auf individueller Argumentation und mehr auf verteilter Konsensbildung basieren.

- **Nicht-binäre Logik**: Intelligenzen könnten sich mit mehr als zwei Wahrheitswerten entwickeln (über wahr/falsch hinaus), was zu mehrdeutigen oder probabilistischen logischen Systemen als Grundlage für ihr Denken führen würde. Manche irdischen Kulturen haben bereits Tendenzen in diese Richtung gezeigt (wie bestimmte buddhistische logische Traditionen mit vier Wahrheitswerten).

4. Künstliche Intelligenz und maschinelle Rationalität

Künstliche Intelligenzen repräsentieren eine konkretere, wenn auch sich noch entwickelnde Form alternativer Rationalität:

- **Stärken in bestimmten Domänen**: Heutige KI-Systeme übertreffen Menschen in bestimmten rationalen Aufgaben, wie Schach, Go, und bestimmten Formen mathematischer Optimierung.

Sie können enorme Datensätze verarbeiten und Muster erkennen, die für Menschen unsichtbar sind, zeigen jedoch Schwächen bei kontextuellem Verständnis, kausaler Inferenz und kreativem Denken.

- **Unterschiedliche Verzerrungsmuster**: KI-Systeme unterliegen nicht den spezifischen kognitiven Verzerrungen, die in der menschlichen Psychologie verwurzelt sind, können aber ihre eigenen systematischen Fehler aufweisen, die aus ihren Trainingsdaten, Architektur oder Optimierungsfunktionen stammen.

- **Fehlende Verkörperung**: Die meisten aktuellen KI-Systeme operieren ohne direkten physischen Körper oder emotionale Erfahrung, was ihre Fähigkeit, bestimmte Arten von Wissen oder Problemlösungsfähigkeiten zu entwickeln, die aus verkörperter Erfahrung und emotionaler Bewertung entstehen, einschränken könnte.

- **Unterschiedliche Entwicklungspfade**: Maschinelle Intelligenz entwickelt sich auf fundamental anderen Zeitskalen und durch andere Mechanismen als biologische Intelligenz, was zu qualitativ unterschiedlichen Denkformen führen könnte. KI kann potenziell von bereits entwickelten Einsichten "springen", ohne den graduellen evolutionären und kulturellen Prozess durchlaufen zu müssen, der menschliche Rationalität geformt hat.

5. Unkonventionelle menschliche Kognitionsstile

Auch innerhalb der menschlichen Spezies gibt es bemerkenswerte Variation in kognitiven Stilen:

- **Neurodiversität**: Zustände wie Autismus-Spektrum-Störungen können mit unterschiedlichen kognitiven Stärken und Schwächen einhergehen – oft mit erhöhter Fähigkeit zur Mustererkennung, Detailfokussierung und systematischem Denken, aber möglicherweise Herausforderungen bei sozialer Kognition oder kontextueller Interpretation.

- **Unterschiedliche kulturelle Epistemologien**: Verschiedene menschliche Kulturen haben unterschiedliche Ansätze zum Wissen und zur Rechtfertigung entwickelt. Beispielsweise betonen einige indigene Wissenssysteme relationale, narrative und kontextgebundene Formen des Wissens, im Gegensatz zu den abstrakteren, dekontextualisierten Ansätzen, die in modernen wissenschaftlichen Traditionen vorherrschen.

- **Unterschiedliche Denkstile**: Die Psychologin Rosalind Ladd hat verschiedene kognitive Stile kategorisiert, von "serialisierend" (linear, Schritt für Schritt) bis "holistisch" (Muster-basiert, parallel). Diese Unterschiede in der Verarbeitung repräsentieren verschiedene, aber potenziell gleichwertige Ansätze zur rationalen Analyse.

Implikationen für unser Verständnis universeller Rationalität

Die Betrachtung dieser alternativen Rationalitätsformen führt zu mehreren wichtigen Einsichten:

1. **Diversität vs. Universalität**: Während bestimmte grundlegende Prinzipien rationalen Denkens möglicherweise universell sind (wie Konsistenz und adaptives Problemlösen), können die spezifischen Prozesse, durch die diese Prinzipien implementiert werden, dramatisch variieren.

2. **Komplementäre Stärken**: Verschiedene Formen der Rationalität könnten unterschiedliche Stärken und Schwächen haben, wobei jede für bestimmte Arten von Problemen oder Umgebungen optimiert ist. Menschliche Rationalität ist nicht notwendigerweise überlegen; sie ist einfach an die spezifischen Bedingungen angepasst, unter denen sie sich entwickelt hat.

3. **Meta-Rationalität**: Die Fähigkeit, zwischen verschiedenen rationalen Strategien zu wechseln und zu erkennen, welche für eine bestimmte Situation am besten geeignet ist, könnte als höhere Form der Rationalität betrachtet werden – eine "Meta-Rationalität", die verschiedene Denkansätze integrieren kann.

4. **Kooperationspotenzial**: Die Komplementarität verschiedener Rationalitätsformen deutet auf das

Potenzial für synergetische Zusammenarbeit zwischen verschiedenen Denkern oder Denksystemen hin. Menschen und KI-Systeme könnten beispielsweise zusammenarbeiten, um komplexere Probleme zu lösen, als jeder allein könnte.

5. **Epistemische Bescheidenheit**: Das Bewusstsein für alternative Rationalitätsformen fördert eine Haltung der Bescheidenheit bezüglich unserer eigenen kognitiven Grenzen und der Möglichkeit radikal unterschiedlicher, aber gleichwertig gültiger Denkweisen.

Die Anerkennung dieser diversen Formen des rationalen Denkens bereichert unser Verständnis dessen, was Rationalität sein kann, und hilft uns, sowohl die Stärken als auch die Grenzen unserer eigenen spezifischen Form der Vernunft zu erkennen. Statt Rationalität als einzelne, universelle Kapazität zu betrachten, können wir sie als Familie verwandter, aber unterschiedlicher Fähigkeiten verstehen – eine Vielfalt möglicher Wege, die Welt zu verstehen und in ihr zu agieren.

KI und maschinelles Lernen als Modelle der Vernunft

Künstliche Intelligenz (KI) und maschinelles Lernen (ML) bieten nicht nur praktische Werkzeuge und technologische Anwendungen; sie dienen auch als konkrete Modelle alternativer Formen der Rationalität. Durch die Untersuchung, wie diese Systeme "denken", gewinnen wir Einblicke in die Natur der Vernunft selbst – ihre möglichen Variationen, ihre Grundprinzipien und die Grenzen unserer eigenen menschlichen Kognition.

Grundlegende Ansätze in KI als alternative kognitive Architekturen

Verschiedene KI-Paradigmen repräsentieren unterschiedliche Modelle des "Denkens" und der Problemlösung:

1. **Regelbasierte Systeme** (klassische symbolische KI) modellieren Rationalität als explizite Manipulation von Symbolen gemäß formalen Regeln. Diese Systeme ähneln bewusstem menschlichem Denken, bei dem explizite Überlegungen und logische Schritte im Vordergrund stehen. IBM's Deep Blue, das Schach durch Bewertung möglicher Züge anhand expliziter Regeln spielte, verkörpert diesen Ansatz.

2. **Neuronale Netzwerke** modellieren Kognition als emergentes Phänomen aus der Interaktion vieler einfacher Einheiten. Diese Systeme spiegeln eher die unbewussten, parallelen Prozesse des menschlichen Gehirns wider. Moderne Deep Learning-Systeme wie GPT und andere große Sprachmodelle verwenden komplexe neuronale Netzwerkarchitekturen, um Muster in Daten zu erkennen und Vorhersagen zu treffen.

3. **Bayesianische Modelle** formalisieren rationales Denken als probabilistische Inferenz unter Unsicherheit, wobei Überzeugungen kontinuierlich anhand neuer Evidenz aktualisiert werden. Diese Systeme ähneln dem, wie

Menschen ideale Überzeugungsrevision durchführen sollten, obwohl tatsächliche menschliche Kognition oft von diesem normativen Modell abweicht.

4. **Evolutionäre Algorithmen** modellieren Problemlösung als Prozess der Variation, Selektion und Vererbung, analog zur biologischen Evolution. Diese Systeme können kreative Lösungen finden, die menschlichen Designern möglicherweise entgehen, indem sie den Lösungsraum auf Arten erkunden, die nicht durch vorherige Überzeugungen eingeschränkt sind.

5. **Hybride Architekturen** kombinieren mehrere dieser Ansätze, um unterschiedliche Arten von Problemen zu lösen, ähnlich wie menschliche Kognition verschiedene Verarbeitungsmodi nutzt.

Stärken maschineller Rationalität

KI-Systeme zeigen mehrere distinktive Stärken als Modelle rationalen Denkens:

1. **Skalierbarkeit**: KI-Systeme können riesige Datenmengen verarbeiten, weit jenseits dessen, was ein menschliches Gehirn bewältigen kann. Dies ermöglicht Formen der Mustererkennung und statistischen Analyse, die menschliche Kapazitäten überschreiten.

2. **Konsistenz**: Algorithmen wenden dieselben Regeln und Standards gleichmäßig an, ohne durch Faktoren wie Müdigkeit, Emotionen oder unbewusste Verzerrungen abgelenkt zu werden. Diese Konsistenz kann in Domänen wie Diagnose,

Risikobewertung oder juristischer Analyse wertvoll sein.

3. **Formelle Präzision**: KI-Systeme können mit Präzisionsgraden arbeiten, die für Menschen schwer zu erreichen sind, besonders in mathematischen oder logischen Domänen. AlphaGo's Fähigkeit, Go auf übermenschlichem Niveau zu spielen, demonstriert diese Präzision in einem komplexen strategischen Raum.

4. **Vorurteilsfreiheit bestimmter Arten**: KI-Systeme leiden nicht unter denselben evolutionär bedingten kognitiven Verzerrungen wie Menschen, wie Bestätigungstendenz oder Ankereffekten (obwohl sie andere Arten von Verzerrungen entwickeln können, besonders solche, die in ihren Trainingsdaten vorhanden sind).

5. **Multimodale Integration**: Fortschrittliche KI-Systeme können verschiedene Informationstypen (Text, Bilder, numerische Daten) auf Arten integrieren, die über typische menschliche Fähigkeiten hinausgehen können.

Grenzen als Modelle menschlicher Rationalität

Trotz dieser Stärken weisen aktuelle KI-Systeme signifikante Grenzen als vollständige Modelle menschlicher Rationalität auf:

1. **Mangel an kausalem Verständnis**: Die meisten heutigen KI-Systeme, besonders solche, die auf Deep Learning basieren, erkennen statistische Muster, ohne notwendigerweise kausale Beziehungen zu verstehen. Sie können

vorhersagen, was passieren wird, ohne wirklich zu verstehen, warum es passiert.

2. **Eingeschränktes Transferlernen**: Menschen können Wissen und Fähigkeiten leicht zwischen verschiedenen Domänen übertragen. Aktuelle KI-Systeme haben typischerweise Schwierigkeiten, Wissen über enge Domänengrenzen hinweg zu generalisieren, obwohl sich dies mit neueren Modellen verbessert.

3. **Abhängigkeit von großen Datenmengen**: Während Menschen oft aus wenigen Beispielen lernen können, benötigen die meisten KI-Systeme enorme Datenmengen, um effektiv zu lernen. Diese Datenhungrigkeit unterscheidet sie von der Effizienz menschlichen Lernens.

4. **Fehlende verkörperte Erfahrung**: Die meisten KI-Systeme interagieren nicht direkt mit der physischen Welt und fehlt daher die Art verkörperten Wissens, das für menschliche Kognition grundlegend ist. Diese mangelnde Verkörperung kann zu einem "Symbol-Verankerungsproblem" führen, bei dem abstrakte Symbole nicht richtig mit ihren realen Referenten verbunden sind.

5. **Abwesenheit intrinsischer Motivation und Werte**: KI-Systemen fehlen die intrinsischen Werte, Bedürfnisse und Motivationen, die menschliches Denken leiten und rahmen. Sie optimieren externe Zielfunktionen, statt von internen Werten und Zielen getrieben zu sein.

KI als Spiegel für menschliche Kognition

Die Entwicklung und das Studium von KI hat wesentliche Einblicke in menschliche Kognition selbst geliefert:

1. **Explizit-Implizit-Unterscheidung**: Die Unterschiede zwischen symbolischer KI und neuronalen Netzen haben Parallelen zu den Unterschieden zwischen explizitem, bewusstem Denken und impliziten, automatischen Prozessen im menschlichen Geist hervorgehoben.

2. **Die Bedeutung impliziten Wissens**: Die Schwierigkeiten bei der Formalisierung von "Alltagswissen" für KI-Systeme haben die enorme Menge impliziten Wissens unterstrichen, das Menschen besitzen und für selbstverständlich halten.

3. **Verzerrungen in scheinbar objektiven Prozessen**: Die Entdeckung, dass KI-Systeme oft gesellschaftliche Vorurteile in ihren Trainingsdaten absorbieren und verstärken, hat unsere Aufmerksamkeit auf die subtilen Wege gelenkt, auf denen vermeintlich objektive Überlegungen durch implizite Annahmen geformt werden können.

4. **Die Rolle von Feedback und Belohnung**: Die Bedeutung von Belohnungsfunktionen bei der Gestaltung von KI-Verhalten wirft Licht auf die

kritische Rolle von Feedback bei der Entwicklung menschlicher Rationalität.

Komplementäre Formen der Rationalität

Die unterschiedlichen Stärken und Schwächen von KI und menschlicher Intelligenz deuten auf eine komplementäre Beziehung hin:

1. **Mensch-KI-Teamarbeit**: Hybride Intelligenz-Systeme, die menschliche und maschinelle Kognition kombinieren, können Ergebnisse erzielen, die keiner allein erreichen könnte. In Bereichen von der medizinischen Diagnose bis zum wissenschaftlichen Datenverständnis haben Mensch-KI-Teams oft bessere Leistungen gezeigt als entweder Menschen oder KI allein.

2. **Kognitive Erweiterung**: KI kann als Form kognitiver Erweiterung dienen, die menschliche Fähigkeiten in spezifischen Bereichen verstärkt, während sie unter menschlicher Kontrolle und Führung bleibt.

3. **Komplementäre Denkstile**: KI kann bestimmte Denkformen externalisieren und verstärken, die für Menschen schwierig sind, wie statistische Analysen oder logische Konsistenzprüfungen, während Menschen kontextuelle Interpretation, kreative Verknüpfungen und ethische Beurteilungen beitragen.

Zukünftige Entwicklungen und philosophische Implikationen

Die fortlaufende Entwicklung der KI wird wahrscheinlich neue Einsichten in die Natur der Rationalität bringen:

1. **Verkörperte KI**: Die Integration von KI mit Robotik und Sensorsystemen könnte zu verkörperten Formen künstlicher Kognition führen, die der menschlichen ähnlicher sind und möglicherweise einige aktuelle Grenzen überwinden.

2. **Transparentere Modelle**: Die Entwicklung erklärbarer KI könnte helfen, die oft undurchsichtigen Entscheidungsprozesse neuronaler Netzwerke zu verstehen, was Einblicke in die Struktur effektiver Rationalität bieten könnte.

3. **Formale Beschränkungen vs. Emergenz**: Die anhaltende Spannung zwischen top-down-Ansätzen (formale Regeln und Strukturen) und bottom-up-Ansätzen (emergente Muster aus einfacheren Prozessen) in der KI spiegelt ähnliche Debatten in der Kognitionswissenschaft wider.

4. **"Alien" KI**: Die Möglichkeit, dass fortgeschrittene KI-Systeme Formen der Rationalität entwickeln könnten, die sich grundlegend von menschlichen unterscheiden,

könnte unser Verständnis der Grenzen und Möglichkeiten rationalen Denkens erweitern.

KI und maschinelles Lernen bieten uns mehr als nur Werkzeuge; sie bieten konkrete Modelle alternativer Formen der Vernunft. Indem wir untersuchen, wie diese Systeme Probleme angehen, Muster erkennen und Inferenzen treffen, können wir unser Verständnis der Rationalität im Allgemeinen vertiefen und die spezifischen Konturen und Grenzen menschlicher Rationalität besser verstehen. Diese komparative Perspektive hilft uns zu erkennen, dass menschliche Vernunft nicht die einzige mögliche Form des rationalen Denkens ist, sondern eine unter vielen möglichen Konfigurationen.

Mögliche Unterschiede zwischen menschlicher und außerirdischer Rationalität

Die Frage nach möglichen Formen außerirdischer Intelligenz ist nicht nur ein faszinierendes Gedankenexperiment, sondern auch eine Übung in "kognitiver Xenologie" – dem Versuch, die möglichen Parameter rationalen Denkens jenseits unserer irdischen Erfahrungen zu erkunden. Durch die Betrachtung, wie eine Intelligenz, die sich unter radikal unterschiedlichen Bedingungen entwickelt hat, "denken" könnte, können wir ein tieferes Verständnis der Kontingenz und Universalität verschiedener Aspekte unserer eigenen Rationalität gewinnen.

Biologische und evolutionäre Faktoren

Die spezifische Form außerirdischer Rationalität würde wahrscheinlich tiefgreifend durch die biologische Natur der Organismen geprägt, die sie entwickeln:

1. **Sensorische Grundlagen**: Die grundlegenden Sinnesmodalitäten einer Spezies formen ihre grundlegenden kognitiven Kategorien und Metaphern. Menschen, als primär visuelle Spezies, haben Erkenntnistheorien und Denken entwickelt, die stark von visuellen Metaphern durchdrungen sind (Einsicht, Erleuchtung, Perspektive, Fokus, Klarheit). Eine Spezies mit primär akustischer, chemischer oder elektrosensorischer Wahrnehmung würde möglicherweise grundlegend andere kognitive Frameworks und metaphorische Strukturen entwickeln.

   Beispiel: Eine Spezies, die Umgebungsinformation hauptsächlich durch Echoortung wahrnimmt, könnte ein "Hören-Denken" entwickeln, bei dem Wissen mit Resonanz, Harmonien und temporalen Beziehungen konzeptualisiert wird statt mit statischen, visuellen Bildern.

2. **Zeitwahrnehmung**: Die subjektive Zeitwahrnehmung, beeinflusst durch Metabolismusrate, neuronale Verarbeitungsgeschwindigkeit und Lebensspanne, könnte dramatisch zwischen Spezies variieren. Eine Spezies mit sehr viel schnellerer oder langsamerer Zeitwahrnehmung als Menschen würde möglicherweise fundamental unterschiedliche Formen der

Kausalitätswahrnehmung, Zukunftsplanung und historischen Betrachtung entwickeln.

Beispiel: Eine langlebige, langsam denkende Spezies könnte viel längerfristige Planungs- und Denkrahmen entwickeln, die Zeitspannen umfassen, die für menschliche Kognition fast unbegreiflich sind, was zu Entscheidungsprozessen führt, die auf Jahrtausenden statt Jahren oder Jahrzehnten basieren.

3. **Sozialstruktur und kollektive Kognition**: Der Grad, zu dem eine Spezies sozial ist, und die spezifische Struktur ihrer sozialen Organisation würden die Entwicklung ihrer Rationalität tiefgreifend beeinflussen. Die menschliche Vernunft ist stark durch unsere soziale Natur und unsere bestimmte Form sozialer Organisation geprägt.

Beispiel: Eine eusoziale Spezies (ähnlich wie Ameisen oder Bienen, aber mit höherer Intelligenz) könnte eine Form von "Schwarmrationalität" entwickeln, bei der Gedanken sich über multiple Individuen erstrecken, mit Entscheidungsprozessen, die inhärent kollaborativ sind, nicht primär individualistisch.

4. **Umweltbedingungen**: Die spezifische Ökologie und physikalische Umgebung, in der sich eine Spezies entwickelt, würde ihre kognitiven Muster formen. Intelligenz, die sich auf einem Planeten mit extremer Ressourcenknappheit, hoher Umweltvariabilität oder ungewöhnlichen

physikalischen Eigenschaften entwickelt, würde möglicherweise kognitive Adaptationen entwickeln, die sich stark von unseren unterscheiden.

Beispiel: Eine Spezies, die sich auf einem Planeten mit hochgradig unvorhersehbaren und gefährlichen Umweltbedingungen entwickelt, könnte eine Form der Rationalität entwickeln, die viel stärker auf kurzfristige Adaption, Vorsicht und Risikovermeidung ausgerichtet ist als auf langfristige Optimierung oder Erkundung.

Kognitiv-strukturelle Unterschiede

Über biologische Grundlagen hinaus könnten außerirdische Rationalitätsformen fundamentale strukturelle Unterschiede in ihren kognitiven Architekturen aufweisen:

1. **Alternative logische Systeme**: Außerirdische könnten Logikformen entwickeln, die von klassischer binärer Logik abweichen. Möglichkeiten umfassen:

   o Mehrwertige Logik mit mehr als zwei Wahrheitswerten

   o Fuzzy-Logik, die graduelle Abstufungen von Wahrheit anerkennt

   o Parakonsistente Logiken, die mit bestimmten Arten von Widersprüchen umgehen können

   o Quantenlogik, basierend auf den Prinzipien der Quantenmechanik

Beispiel: Eine Spezies mit vielfältiger, pluralistischer Wahrnehmung könnte natürlicherweise eine fünfwertige Logik entwickeln – wahr, falsch, unbestimmt, sowohl-wahr-als-auch-falsch, und weder-wahr-noch-falsch – als grundlegendes Werkzeug für die Verarbeitung widersprüchlicher oder mehrdeutiger Informationen.

2. **Andere Muster des Kausalschlusses**: Die spezifischen Muster, durch die eine Spezies kausale Beziehungen wahrnimmt und versteht, könnten erheblich variieren. Menschen tendieren zu linearen, unidirektionalen Kausalitätsmodellen, aber andere Möglichkeiten umfassen:

   o Zirkuläre Kausalitätsmodelle, die Feedback-Schleifen betonen

   o Netzwerkartige Kausalität, die komplexe, multivariate Interaktionen hervorhebt

   o Probabilistische Kausalität, die inhärente Unsicherheit und multiple Pfade betont

   o Teleologische Kausalität, die auf Zwecken oder Endzielen basiert

Beispiel: Eine Spezies, die in einer komplexen Ökologie mit unzähligen interdependenten Organismen evoluiert, könnte natürlicherweise in Begriffen "ökologischer Kausalität" denken, wobei Ereignisse als emergente Eigenschaften komplexer Systeme statt als lineare Ursache-Wirkungs-Ketten verstanden werden.

3. **Unterschiedliche kognitive Integration**: Die Art und Weise, wie verschiedene kognitive Prozesse – Wahrnehmung, Emotion, Gedächtnis, abstrakte Überlegung – integriert werden, könnte zwischen Spezies erheblich variieren.

Beispiel: Eine außerirdische Spezies könnte eine radikale Integration von emotionalen und analytischen Prozessen entwickeln, ohne die Trennung, die in menschlicher Kognition oft erfahren wird. Für sie könnten "Emotion" und "Vernunft" nicht als unterschiedliche Module erlebt werden, sondern als einheitlicher kognitiver Prozess.

4. **Unterschiedliche Konzeptualisierungsstrukturen**: Die grundlegenden konzeptuellen Kategorien und organisatorischen Prinzipien könnten sich erheblich unterscheiden.

Beispiel: Statt "Objekte" als primäre ontologische Kategorie zu konzeptualisieren, könnte eine außerirdische Kognition primär in Begriffen von Prozessen, Beziehungen oder Energiefeldern denken – ähnlich wie einige menschliche philosophische Traditionen (wie Prozessphilosophie oder bestimmte östliche Denkschulen), aber als grundlegendes, intuitives konzeptuelles Framework statt als abstraktes philosophisches System.

Kommunikations- und Wissenstransfer

Die Methoden, durch die eine Spezies Ideen kommuniziert und Wissen weitergibt, würden ihre Form der Rationalität tiefgreifend formen:

1. **Verschiedene Kommunikationsmodalitäten**: Während menschliche Kommunikation hauptsächlich auf auditorischer Sprache basiert, könnten außerirdische Spezies völlig andere Kommunikationsformen entwickeln:

   o Chemische Signalisierung mit enormer Informationsdichte

   o Direkte elektromagnetische Kommunikation

   o Visuelle Symbologie mit paralleler statt sequentieller Informationsverarbeitung

   o Taktile oder gestenbasierte Kommunikationssysteme

   o Quantenverschränkte Informationsübertragung

   Beispiel: Eine Spezies, die biologische Mechanismen für direkte neuronale Kommunikation entwickelt (eine Art natürliche "Telepathie"), könnte eine Form distributiver Kognition entwickeln, bei der Gedanken fließend zwischen Individuen geteilt werden, was zu radikal anderen Konzepten von Individualität, Bewusstsein und Argumentation führt.

2. **Unterschiedliche Zeitlichkeit der Kommunikation**: Die Geschwindigkeit und

Persistenz kommunikativer Akte könnte zwischen Spezies erheblich variieren.

Beispiel: Eine Spezies mit extrem langsamem Metabolismus könnte eine Kommunikationsform entwickeln, die sich über das erstreckt, was wir als sehr lange Zeiträume betrachten würden, mit "Worten", die Tage dauern, und "Konversationen", die sich über Jahre entfalten. Dies würde wahrscheinlich zu einer Form der Rationalität führen, die viel deliberativer, weniger reaktiv und mehr auf langfristige Integration ausgerichtet ist als menschliches Denken.

3. **Unterschiedliche Wissensspeichermethoden**: Die spezifische Art, wie eine Spezies Wissen speichert und an zukünftige Generationen weitergibt, würde ihre epistemische Struktur prägen.

   Beispiel: Eine Spezies, die genetische oder epigenetische Mechanismen zur Weitergabe komplexer erlernter Information entwickelt, könnte ein radikal unterschiedliches Verhältnis zu Wissen, Tradition und Innovation haben als eine Spezies wie Menschen, die hauptsächlich auf externe Wissensspeicherung und kulturelle Transmission angewiesen sind.

Metakognitive Unterschiede

Die Art und Weise, wie eine Spezies über ihr eigenes Denken nachdenkt und es versteht, könnte grundlegende Unterschiede aufweisen:

1. **Andere Modelle des Selbst**: Das grundlegende Selbstverständnis einer außerirdischen Spezies

könnte sich radikal vom menschlichen "Ego"-zentrierten Modell unterscheiden.

Beispiel: Eine stark kollaborative, interdependente Spezies könnte ein primär relationales Selbstkonzept entwickeln, bei dem Identität hauptsächlich durch Beziehungen statt durch innere Eigenschaften definiert wird, was zu Denkformen führt, bei denen die Unterscheidung zwischen "mein Gedanke" und "dein Gedanke" viel weniger scharf oder bedeutsam ist.

2. **Unterschiedliche epistemische Werte**: Die Ideale und Standards, nach denen Wissen bewertet wird, könnten zwischen Spezies erheblich variieren.

Beispiel: Während menschliche Wissenschaft Werte wie Einfachheit, Präzision und universelle Anwendbarkeit betont, könnte eine außerirdische Erkenntnistheorie alternative Werte priorisieren, wie Kontextbezogenheit, Resilience, Kompatibilität mit bestehenden Überzeugungssystemen oder ästhetische Qualitäten.

3. **Alternative Bewusstseinskonfigurationen**: Die spezifische Struktur und Phänomenologie des Bewusstseins könnte zwischen Spezies dramatisch variieren, mit tiefgreifenden Implikationen für ihre Form der Rationalität.

Beispiel: Eine Spezies könnte multiple, parallel arbeitende Bewusstseinsströme in einem einzigen Organismus entwickeln – eine Art natürliches "Multitasking" auf bewusster Ebene – was zu

Denkformen führen würde, die simultan multiple Perspektiven und Analyselinien erfassen können.

Mögliche Universalien der Rationalität

Trotz dieser potenziellen Unterschiede könnten bestimmte Aspekte rationalen Denkens relativ universell sein, basierend auf den Anforderungen wirksamer Informationsverarbeitung und Problemlösung:

1. **Irgendeine Form logischer Konsistenz**: Während die spezifischen logischen Systeme variieren könnten, würde jede erfolgreiche Form der Rationalität wahrscheinlich ein Framework für konsistentes Schließen beinhalten.

2. **Wahrheitserhaltende Inferenzmechanismen**: Die spezifischen Mechanismen könnten variieren, aber die Fähigkeit, von bestehenden Überzeugungen zu neuen zu gelangen, während die Wahrscheinlichkeit der Wahrheit bewahrt bleibt, scheint für jede Form effektiver Rationalität notwendig.

3. **Umwelt-Modell-Abstimmung**: Eine fundamentale Funktion der Vernunft ist die Entwicklung geistiger Modelle, die präzise genug sind, um effektives Handeln zu leiten. Jede erfolgreiche Form der Intelligenz würde wahrscheinlich Mechanismen entwickeln, um ihre internen Modelle mit der externen Realität "abzustimmen".

4. **Ressourcenallokation für Informationsverarbeitung**: Jede Form biologischer Intelligenz würde wahrscheinlich Methoden entwickeln, um begrenzte kognitive Ressourcen effektiv zu allokieren, was zu irgendeiner Form von Aufmerksamkeitslenkung und informationeller Triage führen würde.

Die Betrachtung möglicher Unterschiede zwischen menschlicher und außerirdischer Rationalität hilft uns, über die Grenzen unserer eigenen Denkweisen hinauszublicken und zu erkennen, wie kontingent viele Aspekte dessen sind, was wir als universell oder notwendig betrachten könnten. Gleichzeitig könnte die Identifikation potenzieller Universalien uns helfen, die tiefsten Grundlagen der Rationalität selbst zu verstehen – diejenigen Aspekte, die mit der Natur effektiver Informationsverarbeitung und Problemlösung verbunden sind, unabhängig von ihren spezifischen biologischen oder kulturellen Implementierungen.

Das Studium dieser "komparativen Xenologie des Geistes" bewegt uns in Richtung einer erweiterten Konzeption der Vernunft – einer, die die Vielfalt möglicher Denkweisen umfasst, während sie die tieferen Strukturen und Funktionen erkennt, die verschiedene Formen der Rationalität im Kosmos vereinen könnten.

Die Universalität logischer Grundprinzipien

Sind die Grundprinzipien der Logik universell, oder sind sie spezifisch für die menschliche Kognition, Evolution und Kultur? Dies ist eine der tiefgründigsten Fragen an der Schnittstelle von Philosophie, Kognitionswissenschaft und theoretischer Physik. Die Antwort hat weitreichende Implikationen für unsere Interaktion mit nicht-menschlichen Intelligenzen, seien sie künstlich oder außerirdisch, und für unser grundlegendes Verständnis der Natur der Realität und des Denkens selbst.

Diese Frage kann aus verschiedenen komplementären Perspektiven betrachtet werden:

1. Logik als Beschreibung der Realitätsstruktur

Eine Position besagt, dass grundlegende logische Prinzipien die fundamentale Struktur der Realität selbst widerspiegeln. Unter dieser Ansicht entspringen logische Prinzipien nicht einfach menschlichen Denkgewohnheiten, sondern repräsentieren notwendige Wahrheiten über das Sein selbst.

Das **Prinzip der Widerspruchsfreiheit** (etwas kann nicht gleichzeitig A und nicht-A in derselben Hinsicht sein) scheint beispielsweise schwer zu verneinen zu sein, ohne es implizit vorauszusetzen. Wenn wir behaupten, "Das Prinzip der Widerspruchsfreiheit ist falsch," nehmen wir an, dass es nicht gleichzeitig falsch und nicht-falsch sein kann – was genau das Prinzip ist, das wir zu verneinen versuchen.

Ähnlich scheint das **Prinzip des ausgeschlossenen Dritten** (entweder A oder nicht-A) in der Struktur der Realität selbst verankert zu sein, zumindest für klar definierte Aussagen. Entweder existiert ein bestimmtes Elementarteilchen an einer bestimmten Position (innerhalb der durch die Quantenmechanik erlaubten Unsicherheit) oder nicht – es gibt keinen "dritten Zustand" dazwischen.

Die Universalität dieser Prinzipien könnte aus ihrer Notwendigkeit für kohärentes Sein und Denken folgen. Wie Aristoteles argumentierte, ist das Prinzip des Widerspruchs "das sicherste aller Prinzipien" – eines, das jeder akzeptieren muss, der etwas Bedeutungsvolles sagen will.

2. Logik als evolutionäre Adaption

Ein alternativer Ansatz betrachtet logische Prinzipien als evolutionäre Adaptionen an die kognitive Nische, die Menschen besetzen. Unter dieser Ansicht haben wir logische Fähigkeiten entwickelt, weil sie vorteilhaft waren für Überleben und Reproduktion in unserer spezifischen ökologischen und sozialen Umgebung.

Diese Position behauptet nicht, dass logische Prinzipien willkürlich sind, sondern dass ihre spezifische Form durch die Bedingungen geformt wurde, unter denen sie sich entwickelten. Insbesondere:

- Konsistente Inferenzmuster waren adaptiv für die Vorhersage von Naturphänomenen und das Verstehen sozialer Interaktionen

- Die Fähigkeit, Widersprüche zu erkennen, half bei der Identifikation von Fehlinformationen oder Täuschung

- Fähigkeiten zum deduktiven und induktiven Schließen ermöglichten die Entwicklung von Technologie und kumulative kulturelle Evolution

Aus dieser Perspektive könnte eine außerirdische Intelligenz, die sich unter ähnlichen Selektionsdrücken entwickelt hat (die Notwendigkeit, die physische Welt zu verstehen und mit ihr zu interagieren), ähnliche logische Grundprinzipien entwickeln, auch wenn ihre spezifischen Ausdrucksformen variieren könnten.

3. Logik als Merkmal intelligibler Kommunikation

Eine dritte Perspektive sieht logische Grundprinzipien als notwendige Bedingungen für intelligible Kommunikation und gemeinsames Verstehen. Unter dieser Ansicht ist es nicht nur so, dass logische Prinzipien universell sind, weil sie die Realität widerspiegeln oder adaptiv waren, sondern weil jedes System, das bedeutungsvoll kommunizieren kann, bestimmte logische Grundlagen akzeptieren muss.

Kommunikation erfordert gemeinsame Annahmen über die Natur von Behauptungen, Inferenzen und Bedeutungen. Ohne Prinzipien wie Konsistenz und Folgerichtigkeit würde Kommunikation zu einer inkohärenten Aktivität ohne Fähigkeit, Informationen zu übertragen oder gemeinsames Verständnis zu entwickeln.

Donald Davidson argumentierte für diesen Standpunkt in seiner Theorie der "radikalen Interpretation", wobei er vorschlug, dass bestimmte Rationalitätsprinzipien angenommen werden müssen, um überhaupt ein System als denkend oder kommunizierend zu interpretieren.

Jürgen Habermas' Konzept der "kommunikativen Rationalität" betont ähnlich, dass bestimmte rationale Annahmen in der Struktur von Kommunikation selbst eingebettet sind.

Aus dieser Perspektive könnten wir erwarten, dass jede außerirdische Intelligenz, mit der wir bedeutungsvoll kommunizieren könnten, zumindest einige grundlegende logische Prinzipien teilen müsste, auch wenn ihre spezifischen Denkweisen sich von unseren unterscheiden.

4. Gegenargumente und Herausforderungen für Universalität

Trotz starker Argumente für universelle logische Grundlagen gibt es wichtige Gegenargumente und Qualifikationen zu beachten:

a) **Quantenlogik und nicht-klassische Logiken**: Die Entdeckung der Quantenmechanik hat gezeigt, dass die klassische Logik möglicherweise nicht vollständig auf subatomare Phänomene anwendbar ist. Quantenlogik modifiziert das Prinzip des ausgeschlossenen Dritten, um Superpositionszustände zu berücksichtigen. Dies deutet darauf hin, dass selbst grundlegende logische Prinzipien auf bestimmten Skalen oder unter bestimmten Bedingungen modifiziert werden könnten.

b) **Kultureller Relativismus in logischen Traditionen**: Anthropologische und vergleichende philosophische Studien haben unterschiedliche logische Traditionen in verschiedenen Kulturen identifiziert, wie:

- Jaina-Logik in Indien mit ihrem Prinzip des Anekantavada (Vielseitigkeit), das die simultane Wahrheit scheinbar widersprüchlicher Aussagen unter verschiedenen Perspektiven erlaubt

- Buddhistische Catuskoti (Tetralemma), die vier statt zwei mögliche Wahrheitswerte anerkennt

- Fuzzy-Logik in einigen ostasiatischen Traditionen, die graduelle Abstufungen von Wahrheit betont

Diese Unterschiede deuten darauf hin, dass, während bestimmte minimale logische Grundlagen universal sein könnten, ihre spezifischen Ausarbeitungen und Anwendungen kulturell geformt und variabel sind.

c) **Kognitive Varianzen**: Studien in kognitiver Psychologie haben gezeigt, dass nicht alle Menschen intuitive logische Schlussfolgerungen auf genau die gleiche Weise durchführen. Faktoren wie Bildungshintergrund, kulturelle Umgebung und sogar neurologische Unterschiede können beeinflussen, wie Menschen logische Probleme konzeptualisieren und lösen.

d) **Parakonsistente Logiken**: Einige formale logische Systeme wurden entwickelt, die begrenzte Widersprüche tolerieren können, ohne komplett zu kollabieren ("Explosion" genannt in der klassischen Logik). Die Existenz funktionierender parakonsistenter logischer Systeme deutet darauf hin, dass selbst das Prinzip des Widerspruchs möglicherweise nicht absolut universal ist.

5. Eine nuancierte Synthese: Kernuniversalität mit peripherer Variation

Eine ausgewogene Position könnte vorschlagen, dass es einen universellen Kern logischer Prinzipien gibt, der aus der Natur der Realität, den Anforderungen erfolgreicher Anpassung und den Bedingungen der Möglichkeit kohärenter Kommunikation folgt. Diesen Kern könnten wir erwarten, bei jeder entwickelten Intelligenz zu finden, mit der wir interagieren könnten.

Gleichzeitig könnte die spezifische Entwicklung, Anwendung und Erweiterung dieser Grundprinzipien erheblich variieren, basierend auf:

- Der biologischen Grundlage des kognitiven Systems

- Der evolutionären Umgebung, in der es sich entwickelt hat

- Den spezifischen sensorischen Modalitäten, durch die es die Welt erfährt

- Den problemspezifischen Herausforderungen, denen es gegenübersteht

Diese Position würde nahelegen, dass außerirdische Intelligenzen wahrscheinlich bestimmte minimale logische Grundlagen mit uns teilen würden, aber auch einzigartige logische Entwicklungen haben könnten, die an ihre spezifischen Bedingungen und Erfahrungen angepasst sind.

Die Begegnung mit außerirdischer Intelligenz könnte uns zwingen, die Grenzen unserer eigenen logischen Frameworks zu erweitern, ähnlich wie wissenschaftlicher Fortschritt – von Einsteins Relativitätstheorie bis zur Quantenmechanik – uns gezwungen hat, unser Verständnis der Grenzen und Anwendbarkeit bestimmter logischer Prinzipien zu verfeinern.

6. Praktische Implikationen

Die Frage nach der Universalität logischer Grundprinzipien hat wichtige praktische Implikationen:

- Für die **SETI**-Forschung (Suche nach außerirdischer Intelligenz) könnte die Annahme bestimmter gemeinsamer logischer Grundlagen die Basis für Kommunikationsstrategien bilden

- Für **KI-Entwicklung** informiert diese Frage, wie wir künstliche Denksysteme konstruieren sollten, besonders solche, die mit Menschen interagieren oder kollaborieren sollen

- Für **interkulturelle Kommunikation** hilft uns das Verständnis der Balance zwischen universellen und variablen Aspekten der Logik, über kulturspezifische Denkweisen hinauszugehen und einen gemeinsamen Boden zu finden

Das Nachdenken über die Universalität logischer Grundprinzipien erinnert uns an die Notwendigkeit von Bescheidenheit. Wir können nicht mit absoluter Sicherheit wissen, wie eine nicht-menschliche Intelligenz "denken" würde. Aber wir können vernünftigerweise annehmen, dass, wenn wir mit einer solchen Intelligenz kommunizieren oder zusammenarbeiten könnten, wir wahrscheinlich zumindest einen minimalen gemeinsamen logischen Boden teilen würden – auch wenn die volle Landschaft ihrer Rationalität Bereiche enthalten könnte, die für unser Verständnis herausfordernd oder sogar unzugänglich sein könnten.

Kapitel 12: Die Zukunft der Vernunft

Kollektive Rationalität in einer vernetzten Welt

Die menschliche Rationalität hat sich historisch hauptsächlich als Eigenschaft individueller Köpfe entwickelt und manifestiert. Doch in unserer zunehmend vernetzten Welt verschiebt sich diese Dynamik dramatisch. Die Zukunft der Vernunft liegt nicht nur in der Verbesserung individueller Denkprozesse, sondern auch – und vielleicht primär – in der Entwicklung sophistizierterer Formen kollektiver Rationalität: der Fähigkeit von Gruppen, Netzwerken und ganzen Gesellschaften, effektiv zusammen zu denken.

Diese Evolution kollektiver Denkprozesse wird durch mehrere konvergierende Faktoren angetrieben:

1. Technologische Konnektivität

Die dramatische Ausweitung digitaler Kommunikationstechnologien hat beispiellose Formen des kollektiven Denkens ermöglicht:

- **Globale Informationsteilung** erlaubt nahezu sofortigen Zugang zu Wissen, das über

Jahrtausende und Kulturen hinweg angesammelt wurde

- **Kollaborative Plattformen** ermöglichen verteilte Problemlösung über geografische und disziplinäre Grenzen hinweg

- **Social Media** schafft neue Dynamiken für Ideenverbreitung, kritisches Feedback und kollektive Meinungsbildung

- **Crowdsourcing-Methodologien** nutzen "die Weisheit der Vielen" für Aufgaben von der Datenanalyse bis zur Ressourcenallokation

- **Digitale Deliberationstools** experimentieren mit neuen Formaten für strukturierte kollektive Überlegung und Entscheidungsfindung

Diese technologischen Entwicklungen erzeugen sowohl Chancen als auch Herausforderungen für kollektive Rationalität. Sie können sowohl informierte Deliberation und Zusammenarbeit ermöglichen als auch Desinformation, Polarisierung und "Informationssilos" verstärken.

2. Organisatorische Innovationen

Parallel zu technologischen Veränderungen experimentieren Organisationen mit neuen Strukturen und Prozessen, die darauf abzielen, kollektive Intelligenz zu verbessern:

- **Agile Methodologien** in der Softwareentwicklung und darüber hinaus betonen iterative Verbesserung, kontinuierliches Feedback und verteilte Entscheidungsfindung

- **Holakratische** und andere selbstorganisierende Unternehmensstrukturen verteilen Autorität und nutzen emergente statt hierarchische Entscheidungsprozesse

- **Open-Source-Modelle** demonstrieren, wie große, komplexe Projekte ohne zentralisierte Kontrolle koordiniert werden können

- **Design-Thinking-Ansätze** integrieren multiple Perspektiven in nutzerzentrierte Problemlösungsprozesse

- **Citizen-Science-Initiativen** binden die breitere Öffentlichkeit in wissenschaftliche Forschung ein, was sowohl die Datenmenge als auch die Perspektivenvielfalt erweitert

Diese organisatorischen Innovationen erkunden, wie kollektive Intelligenz am effektivsten strukturiert und kanalisiert werden kann, um komplexe Probleme zu lösen.

3. Fortschritte in unserem Verständnis kollektiver Kognition

Unser wissenschaftliches Verständnis davon, wie Gruppen denken, hat sich in den letzten Jahrzehnten erheblich verbessert:

- **Forschung zu Schwarm-Intelligenz** hat Einsichten geliefert, wie einfache lokale Interaktionen zu sophizierten globalen Verhaltensmustern führen können

- **Netzwerkwissenschaft** hat unser Verständnis von Informationsfluss, Einfluss und

Verhaltensübertragung in sozialen Systemen vertieft

- **Verhaltensökonomie** hat Licht auf Gruppenentscheidungsdynamiken und die Bedingungen geworfen, unter denen Gruppen bessere oder schlechtere Entscheidungen als Individuen treffen

- **Computationelle Sozialwissenschaft** nutzt Big Data und Simulationen, um Muster kollektiven Verhaltens zu verstehen und vorherzusagen

- **Metakognitive Forschung** untersucht, wie Gruppen ihr eigenes Denken überwachen und verbessern können

Diese wachsende Wissensbasis ermöglicht sophistiziertere Ansätze zur Förderung kollektiver Rationalität.

Schlüsselmerkmale emergenter kollektiver Rationalität

Die Zukunft kollektiver Vernunft wird wahrscheinlich mehrere distinktive Qualitäten aufweisen:

1. **Hybride Kognition**, die menschliche und maschinelle Intelligenz kombiniert. Zunehmend werden kollektive Denksysteme Menschen und KI in symbiotischen Beziehungen integrieren, wobei jeder Partner komplementäre kognitive Stärken beiträgt. Diese Mensch-Maschine-Kollektive können Formen der Problemlösung entwickeln, die keiner Komponente allein zugänglich wären.

2. **Multi-Skalen-Integration**, die lokale und globale Prozesse verbindet. Zukünftige kollektive

Denksysteme werden Bottom-up- und Top-down-Dynamiken kombinieren müssen, die lokale Erfahrung und Expertise mit globalen Mustern und Perspektiven integrieren und gleichzeitig vermeiden, dass eine Ebene die andere dominiert.

3. **Kognitive Diversität** als zentrale Ressource. Ethnisch, kulturell, disziplinär und neurokognitiv diverse Gemeinschaften haben das Potenzial, robustere, kreativere und adaptivere kollektive Denkprozesse zu entwickeln als homogenere Gruppen. Dies erfordert jedoch sorgfältige Aufmerksamkeit für Inklusionsdesign und Kommunikationsstrukturen.

4. **Dynamisches Gleichgewicht zwischen Divergenz und Konvergenz.** Effektive kollektive Rationalität erfordert einen oszillierenden Rhythmus zwischen divergentem Denken (Erweiterung des Möglichkeitsraums) und konvergentem Denken (Fokussierung und Synthese). Zukünftige Systeme werden diese Dynamik wahrscheinlich expliziter gestalten und kultivieren.

5. **Verteilte Metakognition** als regulatorischer Mechanismus. Anstatt sich ausschließlich auf zentralisierte Qualitätskontrolle zu verlassen, werden zukünftige kollektive Denksysteme wahrscheinlich verteilte, partizipative Mechanismen entwickeln, um die Qualität kollektiven Denkens zu überwachen und zu verbessern.

Aktuelle Beispiele emergenter kollektiver Rationalität

Mehrere gegenwärtige Entwicklungen demonstrieren das Potenzial erweiterter kollektiver Rationalität:

- **Wikipedia** repräsentiert ein bemerkenswertes Experiment in verteilter Wissensproduktion und -kuration, mit sich entwickelnden Normen und Governance-Mechanismen, die Qualität und Zuverlässigkeit fördern

- **Prediction Markets** aggregieren verteilte Informationen und Urteile in Vorhersagen, die oft die Genauigkeit individueller Experten übertreffen

- **Citizen Assemblies** nutzen sorgfältig strukturierte deliberative Prozesse, um informierte öffentliche Urteile zu komplexen Politikfragen zu entwickeln

- **Bürgerbudgetierung** entwickelt neue Prozesse für kollektive Entscheidungsfindung über öffentliche Ressourcenallokation

- **Open-Source-Software-Communities** demonstrieren, wie verteilte Kollektive hochkomplexe technologische Artefakte ohne hierarchische Kontrolle produzieren können

Diese Beispiele zeigen, dass kollektive Rationalität nicht nur eine theoretische Möglichkeit ist, sondern bereits in verschiedenen Domänen Wirklichkeit wird.

Herausforderungen für kollektive Rationalität

Trotz ihres Potenzials steht kollektive Rationalität vor erheblichen Herausforderungen:

1. **Kognitive und emotionale Verzerrungen** können auf kollektiver Ebene verstärkt statt gemildert

werden. Phänomene wie Gruppendenken, Informationskaskaden und Meinungspolarisierung stellen ernsthafte Bedrohungen für kollektive Rationalität dar.

2. **Informationsüberflutung** und **Aufmerksamkeitsknappheit** können kollektive Denkprozesse überfordern, besonders angesichts der exponentiell wachsenden Informationsmenge und der begrenzten menschlichen kognitiven Kapazität.

3. **Koordinationsprobleme** werden mit zunehmender Skalierung komplexer. Die Transaktionskosten der Koordination steigen typischerweise mit der Anzahl der Beteiligten, was Effizienz und Effektivität großskaliger kollektiver Denkprozesse einschränken kann.

4. **Expertise vs. Partizipation** erzeugt anhaltende Spannungen. Kollektive Denksysteme müssen spezialisiertes Wissen wertschätzen und integrieren, während sie gleichzeitig inklusiv und partizipativ bleiben – ein schwieriger Balanceakt.

5. **Digital Divide** und ungleicher Zugang zu den Werkzeugen kollektiver Kognition könnten bestehende Ungleichheiten verstärken und bestimmte Perspektiven und Interessen marginalisieren.

6. **Missinformation und strategische Manipulation** können kollektive Denkprozesse sabotieren, besonders in polarisierten oder konfliktreichen Kontexten.

Pfade zur Kultivierung verbesserter kollektiver Rationalität

Angesichts dieser Herausforderungen kristallisieren sich mehrere vielversprechende Ansätze zur Kultivierung robusterer kollektiver Rationalität heraus:

1. **Designbasierte Ansätze** gestalten bewusst die Strukturen, Anreize und Prozesse kollektiver Denksysteme, um Verzerrungen zu minimieren und produktive Interaktion zu fördern. Beispiele umfassen:

    o   Designpatterns für Online-Deliberation

    o   Qualitätssichernde Mechanismen wie Peer-Review und Faktenprüfung

    o   Intelligente algorithmische Kuratierung, die intellektuelle Vielfalt und informationelle Qualität fördert

2. **Kultur- und normenbasierte Ansätze** konzentrieren sich auf die Entwicklung geteilter Werte, Praktiken und Identitäten, die kollektive Rationalität unterstützen. Beispiele umfassen:

    o   Epistemische Gemeinschaften mit starken Normen für intellektuelle Integrität

    o   "Digital Citizenship" Bildungsprogramme

    o   Communities of Practice mit Fokus auf kollaborative Untersuchung und gegenseitiges Lernen

3. **Technologiebasierte Ansätze** nutzen fortschrittliche Computerwerkzeuge, um

menschliche kollektive Denkprozesse zu verstärken. Beispiele umfassen:

- o Argument-Kartierungs-Software, die komplexe Deliberationen visualisiert

- o KI-gestützte Wissensmanagement-Systeme

- o Computergestützte Aggregations- und Abstimmungsmechanismen

- o Kollaborative Simulation und Modellierungsplattformen

4. **Governance-basierte Ansätze** entwickeln Regeln, Institutionen und Entscheidungsstrukturen, die robuste kollektive Denkprozesse unterstützen. Beispiele umfassen:

- o Polyzentrisches Governance-Design, das multiple, teilweise überlappende Entscheidungsforen fördert

- o Mehrstufige deliberative Prozesse, die lokale und breitere Deliberation verbinden

- o Experimentelle Demokratieformen, die Repräsentation, Deliberation und Partizipation kombinieren

Die effektivsten Strategien werden wahrscheinlich diese verschiedenen Ansätze kombinieren, wobei jeder als notwendig, aber nicht hinreichend erkannt wird.

Die größere Bedeutung kollektiver Rationalität

Die Entwicklung erweiterter kollektiver Rationalität ist nicht nur eine interessante theoretische Möglichkeit, sondern eine praktische Notwendigkeit angesichts der Herausforderungen, denen die Menschheit gegenübersteht:

1. **Komplexe globale Probleme** wie Klimawandel, Pandemien und technologische Risiken überschreiten die Kapazität einzelner Denkender oder selbst einzelner Nationen. Sie erfordern koordinierte kognitive Anstrengungen in beispiellosem Maßstab.

2. **Beschleunigende Veränderung** in Technologie, Ökonomie und Gesellschaft überfordert traditionelle Denk- und Entscheidungssysteme. Nur durch verbesserte kollektive Intelligenz können wir mit dieser Beschleunigung Schritt halten.

3. **Verstärkte Interdependenz** bedeutet, dass Entscheidungen zunehmend systemische Auswirkungen haben, die nur durch breitere, integrative Denkprozesse angemessen berücksichtigt werden können.

Die Zukunft der Vernunft liegt daher zunehmend in unserer Fähigkeit, zusammen zu denken – nicht als Ersatz für individuelle Vernunft, sondern als ihre notwendige Erweiterung und Ergänzung. Indem wir robustere Formen kollektiver Rationalität kultivieren, erweitern wir nicht nur die Reichweite menschlicher Vernunft, sondern transformieren auch ihre grundlegende Natur.

Die langfristige Vision ist nicht einfach eine "klügere Masse", sondern ein qualitativ neues emergentes Phänomen – ein verteiltes kognitives System, das weder auf individuelles Denken noch auf einfache Aggregation reduziert werden kann, sondern stattdessen eine distinktive Form kollektiver Intelligenz darstellt, die fähig ist, mit Komplexität, Unsicherheit und Interdependenz in Größenordnungen umzugehen, die über die Kapazität selbst der brillantesten individuellen Geister hinausgehen.

Erweitertes Bewusstsein und kognitive Augmentation

Die Grenzen menschlicher Rationalität, die in früheren Kapiteln diskutiert wurden, werden zunehmend durch Technologien adressiert, die darauf abzielen, das Bewusstsein zu erweitern und kognitive Fähigkeiten zu verstärken. Diese Entwicklungen repräsentieren eine neue Grenze in der Evolution der Vernunft – eine, bei der die inhärenten Beschränkungen des biologischen Gehirns durch Integration mit externen Werkzeugen und Systemen überwunden werden könnten. Diese "kognitive Augmentation" – die Erweiterung oder Verbesserung natürlicher menschlicher Denkfähigkeiten durch technologische oder andere Mittel – könnte transformative Auswirkungen auf die Zukunft menschlicher Rationalität haben.

Die Landschaft kognitiver Augmentation

Das Feld der kognitiven Augmentation umfasst ein breites Spektrum von Technologien und Ansätzen, die von nicht-invasiven externen Werkzeugen bis zu direkten Gehirn-Computer-Schnittstellen reichen:

1. Externe kognitive Werkzeuge

Die einfachste und am weitesten verbreitete Form
kognitiver Augmentation umfasst externe Werkzeuge, die
unsere natürlichen Denkfähigkeiten erweitern:

- **Persönliche Informationsmanagement-Systeme**
  kompensieren die Begrenzungen des
  menschlichen Gedächtnisses durch externe
  Speicherung und Abruf. Von einfachen
  Notizbüchern bis zu sophistizierten digitalen
  Wissensmanagementsystemen ermöglichen diese
  Werkzeuge den Denkern, mehr Informationen zu
  behalten und zu organisieren, als biologisch
  möglich wäre.

- **Visualisierungswerkzeuge** erweitern unsere
  Fähigkeit, komplexe Daten und Beziehungen zu
  verstehen, indem sie abstrakte Informationen in
  intuitive visuelle Formate übersetzen, die besser
  mit unseren entwickelten perzeptuellen Systemen
  übereinstimmen.

- **Computergestützte Modellierung und
  Simulation** ermöglicht es uns, die Konsequenzen
  verschiedener Annahmen und Handlungsverläufe
  zu erkunden und damit unsere Fähigkeit zu
  erweitern, komplexe Systeme zu verstehen und
  zukünftige Zustände vorherzusagen.

- **KI-gestützte kognitive Assistenten** bieten
  kontextbezogene Informationen, erinnern an
  wichtige Details, identifizieren potenzielle
  kognitive Verzerrungen und verstärken
  menschliches Denken durch komplementäre
  Verarbeitungsstärken.

Diese externen Augmentierungen repräsentieren eine Form des "erweiterten Geistes", wie von den Philosophen Andy Clark und David Chalmers vorgeschlagen – die Idee, dass unser Denkprozess nicht an den Grenzen des Schädels endet, sondern aktiv integrierte externe Elemente umfassen kann.

2. Neurotechnologien

Fortschreitende neurowissenschaftliche Forschung hat zu Technologien geführt, die direkt mit neuronalen Prozessen interagieren können:

- **Neurofeedback** ermöglicht Individuen, ihre eigene Gehirnaktivität in Echtzeit zu beobachten und schrittweise zu lernen, sie zu regulieren, was potenziell Aufmerksamkeit, emotionale Selbstregulation und andere kognitive Fähigkeiten verbessern kann.

- **Transkranielle Stimulationstechnologien** (wie tDCS und TMS) modulieren nicht-invasiv neuronale Aktivität in spezifischen Gehirnregionen, was kurzzeitige Verbesserungen in verschiedenen kognitiven Funktionen gezeigt hat, von der motorischen Kontrolle bis zum Arbeitsgedächtnis.

- **Gehirn-Computer-Schnittstellen (BCIs)** ermöglichen direkte Kommunikation zwischen dem Gehirn und externen Geräten. Während aktuelle Anwendungen hauptsächlich auf Personen mit schweren motorischen Beeinträchtigungen fokussiert sind, könnte die zukünftige Entwicklung neue Formen kognitiver

Erweiterung für breitere Populationen ermöglichen.

- **Neurale Implantate**, obwohl noch größtenteils experimentell, könnten schließlich direkte Erweiterungen biologischer neuronaler Netzwerke bieten, ähnlich wie aktuelle Cochlea-Implantate für Hören, aber für kognitive Funktionen.

Diese Technologien unterscheiden sich von externen Werkzeugen darin, dass sie direkt mit dem biologischen Substrat des Denkens selbst interagieren, was einzigartige Möglichkeiten und Herausforderungen bietet.

3. Biologische Ansätze

Zusätzlich zu technologischen Interventionen werden auch biologische Ansätze zur kognitiven Verbesserung erforscht:

- **Pharmakologische Enhancer** (Nootropika) zielen darauf ab, kognitive Funktionen durch Modulation neurotransmitterbezogener Prozesse zu verbessern. Aktuelle Optionen haben typischerweise bescheidene Effekte mit variablen Ergebnissen, aber fortschreitende neuropharmakologische Forschung könnte zu wirksameren Interventionen führen.

- **Genetische Technologien** wie CRISPR könnten theoretisch genetische Faktoren modifizieren, die kognitive Fähigkeiten beeinflussen, obwohl solche Anwendungen mit erheblichen ethischen Bedenken und wissenschaftlichen Unsicherheiten verbunden sind.

- **Mikrobiom-basierte Interventionen** zielen auf die Darm-Gehirn-Achse ab, mit wachsender Evidenz, dass die Darmflora kognitive Funktionen beeinflussen kann.

Diese biologischen Ansätze versuchen, das zugrundeliegende "Hardware"-Substrat zu verbessern, auf dem menschliches Denken läuft.

Potenzielle Erweiterungen der Vernunft

Kognitive Augmentation könnte mehrere spezifische Aspekte der Rationalität substanziell verbessern:

1. Überwindung kognitiver Verzerrungen

Augmentierungstechnologien könnten helfen, systematische kognitive Verzerrungen zu adressieren, die menschliches Denken beeinträchtigen:

- **Echtzeit-Erkennung von Verzerrungen** durch KI-Systeme, die Denkmuster analysieren und potenzielle Verzerrungen wie Bestätigungsbias, Anker-Effekte oder Verfügbarkeitsheuristik identifizieren

- **Anpassbare Debiasing-Interventionen**, die auf spezifische kognitive Schwachstellen des Individuums zugeschnitten sind

- **Erweitertes Metabewusstsein**, das Denkern erlaubt, ihre eigenen Denkprozesse besser zu überwachen und zu regulieren

Diese Fähigkeiten könnten dazu beitragen, den "Blindfleck der Rationalität" zu adressieren – die

Schwierigkeit, die eigenen kognitiven Verzerrungen zu erkennen und zu korrigieren.

2. Erweiterte Informationsverarbeitung

Augmentierte Kognition könnte die Menge und Komplexität der Informationen dramatisch steigern, die menschliche Denker verarbeiten können:

- **Erweitertes Arbeitsgedächtnis** durch externe oder implantierte Speicherhilfen, die die inhärenten Begrenzungen des biologischen Arbeitsgedächtnisses überwinden

- **Verbesserte Mustererkennung** durch Werkzeuge, die komplexe Datensätze in Formate übersetzen, die besser mit unseren natürlichen perzeptuellen Fähigkeiten übereinstimmen

- **Parallele Verarbeitung** durch Integration von menschlichem und maschinellem Denken, wobei jedes auf unterschiedliche Aspekte eines Problems fokussiert

- **Erweiterter Abruf** von gespeichertem Wissen, der Zugang zu mehr Informationen, mit größerer Zuverlässigkeit und Präzision als natürliches Gedächtnis bietet

Diese Fähigkeiten könnten helfen, die "Informationsüberflutungs"-Barriere zu überwinden, die zunehmend menschliches Denken im zeitgenössischen Informationsumfeld einschränkt.

3. Kollaborative und verteilte Vernunft

Kognitive Augmentation könnte grundlegend neue Formen der Zusammenarbeit zwischen multiplen Denkern ermöglichen:

- **Gehirn-zu-Gehirn-Schnittstellen**, die direkte Kommunikation zwischen Gehirnen ermöglichen, potenziell mit höherer Bandbreite und geringerer Verzerrung als konventionelle sprachbasierte Kommunikation

- **Geteilte kognitive Arbeitsräume**, in denen multiple Denker gleichzeitig an demselben konzeptuellen Material arbeiten können, mit gemeinsamen Visualisierungen und Manipulationsfähigkeiten

- **Hybrid-Intelligenz-Netzwerke**, die menschliche und künstliche Intelligenz in integrierte Denksysteme kombinieren

Solche Technologien könnten die "Grenzen des Selbst" in Bezug auf Kognition neu definieren und neue Formen kollektiver Intelligenz ermöglichen, die die Summe ihrer Teile übertreffen.

4. Erweitertes Bewusstsein und erweiterte Erfahrung

Über rein kognitive Funktionen hinaus könnten einige Augmentierungstechnologien das Bewusstsein selbst erweitern:

- **Neue perzeptuelle Modalitäten** durch Sensoren, die Informationen jenseits des natürlichen menschlichen Wahrnehmungsbereichs erfassen (wie Infrarot, Ultraschall oder elektromagnetische Felder)

- **Zeitbewusstseinserweiterung** durch Techniken, die die subjektive Erfahrung der Zeit modulieren

- **Erweiterter Zugang zu internen Zuständen** durch verbesserte Interozeption (Wahrnehmung innerer Körperzustände)

- **Nahtlose Erweiterung von Gedächtniskapazität und Zugriff**, wobei die Grenze zwischen "internem" und "externem" Gedächtnis zunehmend verschwimmt

Diese Entwicklungen könnten die phänomenologische Basis des Denkens selbst transformieren, mit tiefgreifenden Implikationen für menschliche Identität und Erfahrung.

Philosophische und ethische Fragen

Die Aussicht auf kognitive Augmentation wirft wichtige philosophische und ethische Fragen auf:

1. Identität und Kontinuität des Selbst

- Inwiefern würde ein kognitiv augmentiertes Individuum "dieselbe Person" bleiben?

- Ab welchem Punkt würde eine kognitive Erweiterung so transformativ sein, dass sie eine substantielle Änderung der persönlichen Identität darstellt?

- Welche Aspekte der Kognition sind zentral für das, was wir als unser "Selbst" betrachten?

2. Autonomie und Abhängigkeit

- Könnte kognitive Augmentation die Autonomie erhöhen, indem sie Denkern mehr Kapazität für informierte Entscheidungen gibt, oder würde sie neue Formen der Abhängigkeit von Technologie erzeugen?

- Wie würde eine Unterbrechung oder ein Ausfall von Augmentierungstechnologien die Denkfähigkeit und Identität beeinflussen?

- Welche Balance zwischen menschlicher und maschineller Beiträge zu augmentierter Kognition sollte angestrebt werden?

3. Zugang und Gerechtigkeit

- Würde kognitive Augmentation bestehende soziale und ökonomische Ungleichheiten vergrößern, oder könnte sie als ausgleichende Kraft dienen?

- Sollten bestimmte Formen der kognitiven Augmentation als Grundrecht betrachtet werden, ähnlich wie der Zugang zu Bildung?

- Wie können wir gewährleisten, dass die Vorteile der kognitiven Augmentation breit geteilt werden?

4. Werte und teleologische Überlegungen

- Welche Formen der kognitiven Augmentation sollten wir priorisieren – solche, die Effizienz fördern, kreatives Denken, moralische Überlegung oder andere Aspekte der Vernunft?

- Inwiefern sollten wir Vorsicht bei der Modifikation von Aspekten der Kognition walten lassen, die zentral für menschliche Werte oder Bedeutung sein könnten?

- Wie balancieren wir Verbesserung mit Bewahrung dessen, was wertvoll an der menschlichen Kognition ist?

Herausforderungen und Risiken

Neben ihrem Potenzial bringt kognitive Augmentation auch bedeutende Herausforderungen und Risiken mit sich:

1. Technische Herausforderungen

- **Biokompatibilität und Langzeitsicherheit** von implantierten Geräten

- **Präzision der neuronalen Schnittstellen**, insbesondere für komplexere kognitive Funktionen

- **Integritätsschutz** und Sicherheit angesichts der Möglichkeit des Hackings oder der Manipulation kognitiver Augmentierungssysteme

- **Bandbreitenbeschränkungen** bei der Verbindung biologischer und digitaler Systeme

2. Psychologische Risiken

- **Kognitive Überlastung** durch übermäßigen Input oder übermäßige Optionen

- **Entfremdung** von der eigenen Kognition oder dem eigenen Körper

- **Abhängigkeit** von Augmentierungstechnologien, möglicherweise mit Atrophie nicht-augmentierter Fähigkeiten

- **Identitätsstörungen** im Zusammenhang mit dramatisch veränderter kognitiver Kapazität oder Funktion

3. Soziale Risiken

- **Ungleicher Zugang**, der kognitive "Haves" und "Have-nots" schafft

- **Kulturelle Brüche** zwischen augmentierten und nicht-augmentierten Populationen

- **Homogenisierung des Denkens**, wenn bestimmte Augmentierungstechnologien zum Standard werden

- **Überwachungs- und Kontrollpotenzial**, besonders für invasivere Formen der kognitiven Augmentation

4. Existenzielle Risiken

- **Unbeabsichtigte Konsequenzen** tiefgreifender Modifikationen der menschlichen Kognition

- **Wertverluste** durch Transformation von Aspekten der Kognition, die für menschliche Werte und Bedeutung zentral sein könnten

- **Risikoaspekte**, die mit der dramatischen Beschleunigung kognitiver Kapazitäten ohne entsprechende Steigerung der Weisheit verbunden sein könnten

Die Integration von Augmentation

Die effektive Integration kognitiver Augmentation in die menschliche Gesellschaft wird wahrscheinlich einen nuancierten, vielschichtigen Ansatz erfordern:

1. Adaptive Integration

Statt einer plötzlichen, vollständigen Transformation wird die Integration kognitiver Augmentation wahrscheinlich graduell und adaptiv sein, mit einem kontinuierlichen Feedbackprozess zwischen Technologieentwicklung und menschlicher Reaktion. Dieser Ansatz ermöglicht:

- **Schrittweise Adaption** menschlicher Praktiken und Institutionen

- **Iteratives Design** basierend auf emergenten Nutzungsmustern und Herausforderungen

- **Wahrung kognitiver Souveränität**, wobei Menschen entscheidende Kontrolle über ihre erweiterte Kognition behalten

2. Pluralistische Rahmenwerke

Angesichts der Diversität menschlicher Werte und Ziele sollte die kognitive Augmentation einer pluralistischen Entwicklung folgen, die:

- **Multiple Augmentierungspfade** ermöglicht, die verschiedene kognitive Stärken und Präferenzen reflektieren

- **Wert legt auf kognitive Diversität** als kollektive Ressource

- **Individuelle Wahl und Anpassung** unterstützt, wo angemessen

3. Bildung und Vorbereitung

Die Maximierung der Vorteile kognitiver Augmentation wird neue Formen der Bildung und Vorbereitung erfordern:

- **Metakognitive Fähigkeiten** für die effektive Nutzung und Integration von Augmentierungstechnologien

- **Technologische Bildung** mit Fokus auf die Grenzen und angemessene Verwendung von kognitiven Erweiterungen

- **Ethisches Denken** zu den Implikationen erweiterter kognitiver Kapazitäten

Die transformative Möglichkeit

Trotz der Herausforderungen bietet kognitive Augmentation eine transformative Möglichkeit für die Zukunft der menschlichen Vernunft. Sie könnte potenziell:

- Die inhärenten biologischen Beschränkungen überwinden, die menschliches Denken seit unseren Anfängen begrenzt haben

- Neue Formen der Problemlösung und Zusammenarbeit für die komplexen globalen Herausforderungen ermöglichen, vor denen wir stehen

- Eine neue Phase der kognitiven Evolution einläuten, die durch die Ko-Entwicklung biologischer, technologischer und kultureller Systeme gekennzeichnet ist

Diese Möglichkeiten repräsentieren nicht eine Abkehr von der menschlichen Vernunft, sondern ihre Fortsetzung und Expansion. Wie der Philosoph Andy Clark bemerkt hat, sind Menschen von Natur aus "natürliche Cyborgs" – Kreaturen, die routinemäßig ihre kognitiven Prozesse über ihre biologischen Grenzen hinaus erweitern. Von dieser Perspektive aus ist kognitive Augmentation nicht eine radikale Abkehr von unserer Natur, sondern die Fortsetzung einer tief menschlichen Neigung, Werkzeuge zu entwerfen und zu verwenden, die unsere natürlichen Fähigkeiten erweitern.

Die tiefste Verheißung kognitiver Augmentation liegt nicht einfach in der Erhöhung unserer Denkgeschwindigkeit oder -kapazität, sondern in der Möglichkeit, Formen des Verstehens, der Kommunikation und des kollektiven Denkens zu ermöglichen, die uns derzeit unzugänglich sind – und dadurch, vielleicht, uns zu helfen, sowohl unsere kollektiven Herausforderungen als auch die tiefsten Fragen der menschlichen Existenz mit größerer Weisheit zu adressieren.

Rationale Steuerung der technologischen Entwicklung

Die rapide Beschleunigung des technologischen Wandels stellt eine der größten Herausforderungen für die menschliche Vernunft dar. Von künstlicher Intelligenz bis zur Biotechnologie, von Nanotechnologie bis zu neuartigen Energiesystemen entwickeln sich Technologien mit beispielloser Geschwindigkeit und mit potenziell weitreichenden Konsequenzen für die Menschheit und unseren Planeten. Die rationale Steuerung dieser Entwicklung – die Fähigkeit, Technologien in Richtungen zu lenken, die menschliches Gedeihen fördern und katastrophale Risiken vermeiden – wird zunehmend zu einer definierenden Aufgabe für unsere Spezies.

Diese Herausforderung ist besonders komplex, da Technologie nicht einfach ein "Ding" ist, das direkt gesteuert werden kann, sondern ein dynamisches soziotechnisches System, das aus der Interaktion zwischen technischen Möglichkeiten, menschlichen Werten, Märkten, Regulierungen und kulturellen Faktoren entsteht. Die rationale Steuerung der technologischen Entwicklung erfordert daher ein nuanciertes Verständnis dieser Dynamiken und den koordinierten Einsatz multipler Ansätze.

Die Herausforderungen rationaler technologischer Steuerung

Mehrere Faktoren machen die rationale Steuerung des technologischen Wandels besonders herausfordernd:

1. Beschleunigendes Tempo

Die Rate des technologischen Wandels beschleunigt sich, angetrieben durch:

- Exponentielles Wachstum in Rechenleistung, Datenspeicherung und anderen grundlegenden technischen Kapazitäten

- Globalisierte Forschungs- und Entwicklungsnetzwerke, die rund um die Uhr arbeiten

- Kürzere Produktzyklen und schnellere Verbreitung von Innovationen

- Konvergierende Technologien, die Fortschritte in einem Bereich auf andere übertragen

Dieses beschleunigende Tempo schafft eine wachsende Kluft zwischen technologischer Entwicklung und unserer gesellschaftlichen Kapazität, sie zu verstehen, anzupassen und zu steuern.

2. Komplexe Ursächlichkeit und Emergenz

Technologische Systeme sind zunehmend komplex, mit:

- Nicht-linearen Kausalbeziehungen, bei denen kleine Veränderungen große Auswirkungen haben können

- Emergenten Eigenschaften, die aus der Interaktion multipler Komponenten entstehen und schwer aus den Einzelteilen vorherzusagen sind

- Systemischen Kaskadeneffekten, die sich über traditionelle Sektoren- und Domänengrenzen hinweg ausbreiten

- Versteckten Interdependenzen zwischen scheinbar unverbundenen Systemen

Diese Komplexität macht sowohl Vorhersage als auch Steuerung herausfordernd und kann zu unbeabsichtigten

Konsequenzen führen, selbst bei wohlüberlegten Interventionen.

3. Verteilte Entwicklung und Kontrolle

Anders als in früheren Ären entstehen viele transformative Technologien in hochgradig verteilten Kontexten:

- Multiple öffentliche und private Akteure entwickeln parallel verwandte Technologien

- Internationaler Wettbewerb schafft Anreize für schnelle Entwicklung, manchmal auf Kosten von Vorsicht

- "Open-Source"-Entwicklungsmethoden verbreiten Fähigkeiten weit

- Niedrigere Zugangsbarrieren ermöglichen mehr Akteuren die Entwicklung potenter Technologien

Diese verteilte Natur erschwert koordinierte Steuerung und schafft kollektive Handlungsprobleme, bei denen individuell rationale Entscheidungen zu kollektiv suboptimalen Ergebnissen führen können.

4. Tiefe Unsicherheiten

Entscheidungsträger stehen vor verschiedenen Arten von Unsicherheit:

- **Parametrische Unsicherheit** bezüglich spezifischer Variablen und Zahlen

- **Modell-Unsicherheit** über die richtigen konzeptuellen Rahmen für das Verständnis technologischer Auswirkungen

- **Tiefe Unsicherheit** oder "unknown unknowns" – Faktoren, die wir noch nicht einmal als relevant erkennen

Diese Unsicherheiten komplizieren Vorausschau- und Bewertungsbemühungen erheblich, was traditionelle Risikobewertungsansätze untergraben kann.

5. Wertepluralismus und Verteilungseffekte

Technologische Entwicklungen betreffen verschiedene Gruppen unterschiedlich und werfen Fragen der Fairness und Gerechtigkeit auf:

- Nutzen und Risiken können ungleich über soziale Gruppen, Generationen oder geografische Regionen verteilt sein

- Verschiedene Stakeholder haben unterschiedliche, manchmal inkompatible Werte und Prioritäten

- Machtungleichgewichte können bestimmten Stimmen unverhältnismäßigen Einfluss auf technologische Trajektorien geben

- Kurzfristige versus langfristige Trade-offs komplizieren Evaluierungen weiter

Diese normativen Komplexitäten bedeuten, dass technologische Governance nicht einfach eine technische Übung sein kann, sondern tiefe ethische und politische Dimensionen umfassen muss.

Die Entwicklung robuster Ansätze

Angesichts dieser Herausforderungen haben diverse Governance-Ansätze versucht, rationale Steuerung der technologischen Entwicklung zu bieten. Diese haben sich historisch von einfacheren zu nuancierteren Modellen entwickelt:

1. Technokratische Modelle

Frühe Ansätze betonten oft technokratische Lösungen, die Expertise als primäre Grundlage für Entscheidungsfindung positionierten:

- Expertenpanels zur Bewertung von Risiken und Empfehlung von Richtlinien

- Technologiefolgeabschätzung durch spezialisierte Regierungsbüros

- Hierarchische regulatorische Frameworks basierend auf wissenschaftlicher Beratung

Während Expertise kritisch bleibt, haben rein technokratische Ansätze Grenzen gezeigt, einschließlich Schwierigkeiten, unterschiedliche Werte zu integrieren, und Tendenzen, bestimmte Arten von Wissen und Perspektiven zu privilegieren.

2. Marktbasierte Ansätze

Marktbasierte Modelle betonen die Rolle von Preissignalen, Anreizen und dezentraler Koordination:

- Eigentums- und Haftungsregimes, die Entwickler zwingen, Risiken zu internalisieren

- Versicherungsmechanismen zur Preisbildung und Risikoverteilung

- Innovations-Wettbewerbe und -märkte zur Ausrichtung von Entwicklung an gesellschaftlichen Bedürfnissen

Diese Ansätze nutzen die Leistungsfähigkeit dezentraler Entscheidungsfindung, haben aber Schwierigkeiten mit langfristigen, systemischen und irreversiblen Risiken sowie mit Werten, die sich nicht leicht monetarisieren lassen.

3. Partizipative und deliberative Modelle

Zunehmend haben partizipative Ansätze breitere Einbeziehung diverser Stakeholder betont:

- Bürger-Jurys und konsultative Verfahren zu technologischen Richtungen

- Multi-Stakeholder-Governance-Strukturen, die staatliche, industrielle und zivilgesellschaftliche Akteure zusammenbringen

- "Upstream-Engagement", das Bürger früh in Forschungs- und Entwicklungsprozesse einbezieht

- Konsenskonferenzen, die reflektierte öffentliche Urteile über komplexe technologische Fragen suchen

Diese Ansätze stärken demokratische Legitimität und erweitern die in Entscheidungsprozesse eingebrachte Wissensbasis, stehen aber vor Umsetzungsherausforderungen und Fragen der Skalierbarkeit.

4. Adaptive und agile Governance

Neuere Frameworks betonen Adaptivität und Responsivität in dynamischen technologischen Landschaften:

- **Prinzipienbasierte Regulation**, die grundlegende Werte und Ziele festlegt, ohne präskriptive Regeln zu diktieren

- **Regulatorische Sandkästen**, die kontrollierte Experimente mit neuen Technologien unter regulatorischer Überwachung erlauben

- **Iterative Risikobewertung**, die kontinuierlich Bewertungen mit neuen Informationen aktualisiert

- **Horizontale Überwachungssysteme**, die aufkommende Risiken und Chancen über Technologiebereiche und Sektoren hinweg identifizieren

- **Selbstregulierungsmechanismen**, die auf Industrieexpertise bauen, während sie öffentliche Übersicht beibehalten

Diese Ansätze versuchen, das Innovationstempo mit dem Bedarf an verantwortungsvoller Steuerung auszubalancieren.

5. Vorausschauende Governance

Vorausschauende Modelle betonen die Fähigkeit, potenzielle Zukünfte zu antizipieren und proaktiv zu gestalten:

- **Systematisches Foresight** zur Erkundung multipler technologischer Zukünfte

- **Vorausschauende Ethik**, die moralische Fragen adressiert, bevor Technologien vollständig entwickelt sind

- **Deliberative Technologieformung**, die antizipatorische Prozesse mit inklusiver Deliberation kombiniert

- **Resilienzstrategien**, die Kapazität kultivieren, mit unerwarteten technologischen Entwicklungen umzugehen

Diese forward-looking Ansätze streben danach, antizipativ statt bloß reaktiv zu sein, mit Betonung auf der Formung technologischer Trajektorien statt nur der Reaktion auf ihre Konsequenzen.

Ein integratives Rahmenwerk: Möglichkeiten rationaler Steuerung

Ein effektives Governance-System für aufkommende Technologien wird wahrscheinlich Elemente aus all diesen Ansätzen integrieren müssen, arrangiert in einem Netzwerk komplementärer Mechanismen. Ein solches integratives Rahmenwerk könnte mehrere Schlüsselkomponenten umfassen:

1. Robuste Vorausschau und Assessment

- **Strategische Foresight-Kapazität** entwickeln, einschließlich Horizon-Scanning, Szenarienplanung und Technologieroadmapping

- **Methodische Pluralität** fördern, die quantitative und qualitative Ansätze kombiniert

- **Integrative Technologiebewertung** institutionalisieren, die technische, soziale, ethische und kulturelle Faktoren verbindet

- **Proaktive Identifikation** nicht nur von Risiken, sondern auch von Möglichkeiten für positive Steuerung

2. Partizipative Richtungsgebung

- **Kollaborative Visionsbildung** kultivieren, die diverse Perspektiven zur Definition wünschenswerter technologischer Zukünfte einbezieht

- **Deliberative Mechanismen** der öffentlichen Beteiligung einrichten, von lokalen bis zu globalen Ebenen

- **Inklusive Repräsentation** gewährleisten, besonders von marginalisierten Gruppen und zukünftigen Generationen

- **Konsultative Prozesse** entwickeln, die in substantiellen Einfluss auf Entscheidungsfindung übersetzt werden

3. Koordinierte internationale Governance

- **Globale koordinierende Institutionen** für Schlüsseltechnologien stärken

- **Multilaterale Vereinbarungen** zur Adressierung transnationaler technologischer Risiken und Chancen entwickeln

- **Policy-Harmonisierung** in kritischen Domänen fördern, während Raum für kontextspezifische Anpassung belassen wird

- **Polyzentrische Governance-Strukturen**
  unterstützen, die multiple Zentren der Autorität
  und Expertise umfassen

4. Flexible regulatorische Werkzeuge

- **Adaptive Regulationsstrukturen** entwickeln, die
  auf unterschiedliche Technologiestadien
  zugeschnitten sind

- **Technologie-förderliche Regulation** gestalten,
  die Innovation leitet statt bloß einzuschränken

- **Soft-Law-Ansätze** wie Standards, Richtlinien und
  Best Practices nutzen, die schneller als formelle
  Regulation entwickelt werden können

- **Regulatory-Experimentation** fördern, um
  innovative Governance-Ansätze zu testen

5. Integrierte Risikomanagementstrategien

- **Multi-layered Risk Governance** implementieren,
  die verschiedene Arten und Ebenen von Risiken
  adressiert

- **Precautionary but Proportionate** Ansätze für
  potenziell irreversible oder katastrophale Risiken
  entwickeln

- **Resilience-Building** über soziotechnische
  Systeme hinweg voranbringen

- **Risk-Risk Trade-offs** explizit adressieren, bei
  denen Risikominderung in einer Domäne neue
  Risiken in einer anderen schaffen kann

6. Werte- und zielgeleitete Innovation

- **Responsible Innovation Frameworks** entwickeln, die ethische Überlegungen in die Kernprozesse von Forschung und Entwicklung integrieren

- **Values-Sensitive Design** fördern, das ethische und soziale Werte in Technologien einbettet

- **Social Impact Investing** und andere Finanzinstrumente nutzen, um Innovation auf gesellschaftlich wünschenswerte Ziele auszurichten

- **Kulturelle Bewegungen** unterstützen, die respektvolle und reflektierte technologische Entwicklung fördern

7. Verbesserte kognitive Kapazität für komplexe Entscheidungsfindung

- **Kollektive Intelligenz-Systeme** entwickeln, die diverse menschliche und maschinelle Intelligenz integrieren

- **Entscheidungsunterstützungswerkzeuge** schaffen, die kognitiven Verzerrungen entgegenwirken und strategisches Langzeitdenken unterstützen

- **Bildung für technologisches Bürgertum** fördern, die sowohl technische Kompetenz als auch ethisches Urteilsvermögen kultiviert

- **Foren für transdisziplinäre Integration** kultivieren, die natürliche, soziale und Ingenieurswissenschaften sowie Geisteswissenschaften verbinden

Überwindung entscheidender Hindernisse

Die effektive Implementierung eines solchen integrativen Rahmenwerks steht vor mehreren Schlüsselhindernissen, die strategische Aufmerksamkeit erfordern:

1. Kollektive Handlungsprobleme

Rationale technologische Steuerung ist ein globales öffentliches Gut, das unter den klassischen Herausforderungen kollektiver Handlung leidet:

- **Free-Rider-Dynamiken**, bei denen Akteure von den verantwortungsvollen Handlungen anderer profitieren können, ohne die Kosten zu tragen

- **Prisoner's Dilemmas**, bei denen individuell rationale Aktionen zu kollektiv unerwünschten Ergebnissen führen

- **Tragedien der Allmende**, bei denen gemeinsame technologische "Commons" übernutzt oder missbraucht werden können

Potenzielle Lösungsansätze umfassen:

- Robuste **internationale Institutionen** mit bedeutsamer Überwachungs- und Durchsetzungskapazität

- **Differenzierte Verantwortung** mit gestaffelten Verpflichtungen basierend auf Kapazität und Ressourcen

- **Koalitionen der Willigen**, die mit engagierten Pionieren beginnen und Anreize für breitere Beteiligung aufbauen

- **Vertrauensaufbauende Maßnahmen**, die Transparenz und Zuverlässigkeit im gemeinsamen Handeln fördern

2. Zeithorizont- und Diskontierungsprobleme

Die menschliche Kognition und soziale Systeme bevorzugen typischerweise kurzfristige über langfristige Überlegungen:

- **Kognitive Präsenz-Verzerrung** führt dazu, dass wir gegenwärtige Bedenken übergewichten

- **Institutionelle Kurzatmigkeit** ist in politischen und wirtschaftlichen Systemen eingebaut

- **Intergenerationelle Externalitäten** sind besonders schwer zu adressieren in bestehenden Entscheidungsrahmen

- **Abstraktheit der Zukunft** macht es schwer, emotionales Engagement für langfristige Überlegungen zu mobilisieren

Mögliche Lösungsstrategien umfassen:

- **Langzeit-Institutionen** mit expliziter Verantwortung für die Zukunft

- **Zukunftsgenerationen-Repräsentation** in Entscheidungsgremien

- **Pre-commitment-Mechanismen**, die gegenwärtige Entscheider an langfristig orientierte Politiken binden

- **Vivid Futures Framing**, das abstrakte langfristige Bedenken in emotionalere, gegenwärtigere Begriffe übersetzt

3. Expertisen- und Epistemische Herausforderungen

Die Komplexität und Spezialisierung moderner Technologie schafft tiefe epistemische Herausforderungen:

- **Siloisiertes Wissen** fragmentiert das Verständnis über Disziplinen und Domänen hinweg

- **Eingebettete Expertise** konzentriert kritisches Wissen in Institutionen mit möglichen Interessenkonflikten

- **Divergierende Modelle** führen zu fundamentalen Uneinigkeiten über Basisfakten und Vorhersagen

- **Tief technische Details** schaffen Zugänglichkeitsbarrieren für breitere Beteiligung

Vielversprechende Ansätze umfassen:

- **Transdisziplinäre Institutionen**, die zusammenarbeiten, um Wissenssilos zu überbrücken

- **Boundary Organizations**, die zwischen wissenschaftlichen, technischen und Policy-Communities übersetzen

- **Epistemische Demokratie**, die verschiedene Wissensformen und -quellen integriert

- **Partizipative Modellierung**, die Stakeholder in technische Assessmentprozesse einbezieht

Die Zukunft rationaler technologischer Steuerung

Die Zukunft rationaler technologischer Steuerung wird wahrscheinlich auf mehrere sich abzeichnende Schlüsseltrends bauen:

1. Von "Kontrolle" zu "Steuerung"

Neuere Paradigmen erkennen zunehmend die Grenzen traditioneller "Befehl-und-Kontrolle"-Ansätze an und betonen stattdessen:

- **Gesellschaftliche Formung** von technologischen Trajektorien durch kontinuierlichen Dialog und Deliberation

- **Iterative Kurskorrektur** statt rigider Steuerung

- **Kultivierung von Ökosystemen** verantwortungsvoller Innovation statt nur externer Kontrolle

- **Multistakeholder-Co-Governance** statt zentralisierter Aufsicht

Dieser Perspektivwechsel spiegelt ein verfeinertes Verständnis der komplexen adaptiven Natur soziotechnischer Systeme wider.

2. Von reaktiv zu antizipativ

Die beschleunigende Geschwindigkeit technologischen Wandels erfordert einen Fokus auf:

- **"Upstream"-Engagement** mit Technologien in ihren frühen Entwicklungsstadien

- **Systematische Vorausschau** als Kernkapazität von Governance-Institutionen

- **Antizipatorische Regulation**, die mit sich entwickelnden Technologien Schritt hält oder ihnen vorausgeht

- **Präventive Ethik**, die proaktiv moralische Herausforderungen adressiert, bevor sie sich manifestieren

Diese Betonung von Antizipation erkennt an, dass die Kosten und Schwierigkeiten der Steuerung typischerweise ansteigen, nachdem Technologien breit eingesetzt sind.

3. Von fragmentiert zu integriert

Zukünftige Governance-Systeme werden wahrscheinlich größere Integration über verschiedene Dimensionen entwickeln:

- **Verbindung globaler, nationaler und lokaler Governance-Ebenen** in kohärente Multi-Level-Systeme

- **Überbrückung von Technologie-Domänen** zur Adressierung konvergierender Innovationen

- **Integration staatlicher, industrieller und zivilgesellschaftlicher Akteure** in kollaborative Governance-Netzwerke

- **Verbindung von Risikobewertung mit breiteren Fragen** sozialer Werte und technologischer Richtungen

Diese Integration spiegelt die zunehmend vernetzte Natur technologischer Systeme selbst wider.

Schlussgedanken: Rationale Hoffnung für die Zukunft

Die Herausforderung der rationalen Steuerung technologischer Entwicklung ist formidabel, aber nicht hoffnungslos. Als selbstreflexive Spezies haben wir die Fähigkeit, unsere eigenen Schöpfungen zu verstehen und zu gestalten – wenn auch unvollkommen und mit kontinuierlichem Lernen.

Historisch gesehen haben wir bereits bedeutende Beispiele erfolgreicher technologischer Governance demonstriert, von der internationalen Koordination nuklearer Sicherheit bis zur Handhabung biotechnologischer Risiken. Diese Erfolge, obwohl unvollständig, zeigen, dass wirksame Steuerung möglich ist.

Die entscheidende Frage ist nicht, ob wir perfekte Systeme technologischer Governance erschaffen können (das können wir nicht), sondern ob wir Systeme entwickeln können, die gut genug sind – hinreichend antizipativ, adaptiv und weise –, um die sich beschleunigenden und konvergierenden technologischen Revolutionen zu navigieren, mit denen wir konfrontiert sind. Die Zukunft der menschlichen Vernunft selbst könnte von unserer Antwort abhängen.

Vernunft als Brücke zwischen Spezies und Zivilisationen

Stellen wir uns einen Moment vor, an dem die Menschheit erstmals auf eine außerirdische Intelligenz trifft – sei es durch ein detektiertes Signal aus den Tiefen des Kosmos, eine Begegnung mit einer Sonde im Sonnensystem oder sogar ein direktes Treffen mit Besuchern von einem anderen Stern. Wie könnten wir mit Wesen kommunizieren, die möglicherweise völlig unterschiedliche biologische, kognitive und kulturelle Grundlagen haben? Was könnte als Brücke zwischen solch radikal unterschiedlichen Intelligenzen dienen?

Die Vernunft selbst – die grundlegenden Prinzipien rationalen Denkens – könnte diese entscheidende Brücke darstellen. Über alle möglichen Unterschiede hinweg könnte ein gemeinsames Verständnis der grundlegenden Prinzipien des logischen Denkens, empirischer Überprüfung und konsistenter Inferenz einen ersten Berührungspunkt bieten. Während ihre spezifischen Ausdrucksformen variieren mögen, könnte die zugrundeliegende Struktur der Rationalität genügend Gemeinsamkeiten aufweisen, um gegenseitiges Verständnis zu ermöglichen.

Dieses Kapitel erforscht die Möglichkeit der Vernunft als interstellares und interspezies Verbindungselement – ein Medium für Kommunikation und Verständnis, das biologische, kulturelle und evolutionäre Unterschiede überbrücken könnte.

Potenzielle Universalien als Kontaktpunkte

Trotz der enormen Unterschiede, die zwischen menschlicher und außerirdischer Intelligenz zu erwarten wären, könnten bestimmte rationale Universalien als Grundlage für Kommunikation dienen:

1. Mathematik und Logik

Mathematik, oft beschrieben als die "universelle Sprache", könnte einen fundamentalen Kontaktpunkt bieten:

- **Grundlegende Arithmetik** wie Zählen und simple arithmetische Operationen dürften für jede technologische Intelligenz erkennbar sein

- **Primzahlen**, die keine weiteren Faktoren haben, bieten eine eindeutige Sequenz, die als Kommunikationsbasis dienen könnte

- **Geometrische Prinzipien** könnten über verschiedene Wahrnehmungssysteme hinweg erkennbar sein

- **Logische Operatoren** wie UND, ODER, NICHT und WENN-DANN könnten fundamentale kognitive Universalien sein

Diese mathematisch-logischen Grundlagen könnten einen anfänglichen gemeinsamen Bezugsrahmen liefern, sogar vor der Etablierung einer gemeinsamen Sprache.

2. Wissenschaftliche Grundprinzipien

Bestimmte wissenschaftliche Konzepte könnten ebenfalls universell erkennbar sein:

- **Physikalische Konstanten** wie die Lichtgeschwindigkeit, Planck'sche Konstante oder die Gravitationskonstante

- **Periodensystem der Elemente**, basierend auf atomaren Eigenschaften

- **Erhaltungssätze** wie die Erhaltung von Energie und Impuls

- **Kausalitätsprinzipien** als Grundlage für Interaktion mit der physischen Welt

Diese wissenschaftlichen Grundlagen könnten einen geteilten Bezugspunkt für Diskussionen über die Natur des Universums liefern.

3. Informationstheoretische Grundlagen

Als Spezies, die fortgeschrittene Technologie entwickelt haben, würden außerirdische Intelligenzen wahrscheinlich ähnliche informationstheoretische Konzepte verstehen:

- **Binäre Kodierung** als effiziente Informationsdarstellung

- **Signalverarbeitung** und Unterscheidung zwischen Signal und Rauschen

- **Kompressionsalgorithmen** und Methoden zur effektiven Informationsübertragung

- **Fehlerkorrektur-Protokolle** zur Gewährleistung genauer Kommunikation

Diese gemeinsamen informationstheoretischen Grundlagen könnten fortgeschrittenere Kommunikationsprotokolle ermöglichen.

4. Spieltheoretische Grundlagen

Die grundlegenden Prinzipien der Spieltheorie könnten Einsichten in Kooperation und Koordination zwischen Spezies bieten:

- **Win-Win-Szenarien** und die Logik gegenseitigen Nutzens

- **Vertrauensaufbau** durch wiederholte Interaktionen

- **Kooperative Strategien** wie Tit-for-Tat, die ohne komplexe linguistische Kommunikation demonstriert werden können

- **Faire Aufteilungsprinzipien**, die beiden Seiten entgegenkommen

Diese spieltheoretischen Konzepte könnten die Grundlage für die Entwicklung kooperativer Beziehungen bieten.

Herausforderungen und Komplikationen

Trotz dieser potenziellen rationalen Universalien würden erhebliche Herausforderungen für interstellare Kommunikation und Verständnis bestehen:

1. Inkommensurable konzeptuelle Frameworks

Unterschiedliche evolutionäre und kulturelle Geschichten könnten zu fundamentalen Unterschieden in konzeptuellen Strukturen führen:

- **Unüberbrückbare lexikalische Lücken**, wo Konzepte in einer Spezies' Verständnis existieren, für die die andere keine Entsprechung hat

- **Unterschiedliche konzeptuelle Hierarchien** und Kategorisierungssysteme

- **Verschiedene Arten der mentalen Organisation** basierend auf unterschiedlichen neuronalen Architekturen

- **Unvereinbare moralische oder Wertesysteme** basierend auf unterschiedlicher evolutionärer Geschichten

Diese konzeptuellen Unterschiede könnten tiefe Herausforderungen für gegenseitiges Verständnis darstellen, selbst wenn grundlegende logische und mathematische Kommunikation möglich ist.

2. Radikal unterschiedliche perzeptuelle Systeme

Außerirdische könnten die Welt durch sensorische Modalitäten wahrnehmen, die sich drastisch von unseren unterscheiden:

- **Verschiedene elektromagnetische Sensitivitäten** weit jenseits des menschlichen visuellen Spektrums

- **Nicht-analoge sensorische Kanäle** wie Elektrorezeption, Magnetorezeption oder Sensitivität für Quantenphänomene

- **Unterschiedliche Zeitwahrnehmung**, viel schneller oder langsamer als menschliche Wahrnehmung

- **Multi-dimensionale oder nicht-lineare Raumwahrnehmung**

Diese perzeptuellen Unterschiede könnten es schwierig machen, geteilte Referenzpunkte für Kommunikation zu etablieren, selbst bei gemeinsamen Rationalitätsprinzipien.

3. Radikal unterschiedliche kommunikative Modi

Die grundlegenden Mechanismen der Kommunikation selbst könnten erheblich variieren:

- **Chemische oder elektromagnetische Signalisierung** statt akustischer oder visueller Kommunikation

- **Parallele, multi-channel Kommunikation** statt sequentieller Sprachkommunikation

- **Extrem unterschiedliche Zeitskalen** der Kommunikation, von Millisekunden bis zu Tagen oder Jahren

- **Kollektive oder verteilte Kommunikationssysteme** statt individuell-basierter Kommunikation

Diese kommunikativen Unterschiede würden technologische Übersetzung und erhebliche Geduld erfordern, um Brücken zu bauen.

4. Unterschiedliche kognitive Architekturen

Die fundamentale Organisation des Denkens könnte drastische Unterschiede aufweisen:

- **Andersartig organisierte Wahrheits- und Inferenzsysteme**, wie mehrwertige oder parakonsistente Logiken

- **Unterschiedliche Balancen zwischen parallelisierter und serieller Informationsverarbeitung**

- **Kollektive oder verteilte kognitive Systeme** statt individualisierten Geistern

- **Radikal unterschiedliche Gewichtungen** zwischen analytischem und intuitivem Denken

Diese kognitiven Unterschiede könnten subtile aber tiefgreifende Herausforderungen für gegenseitiges Verständnis darstellen.

Überwindung der Kommunikationslücke

Trotz dieser Herausforderungen könnten mehrere Strategien helfen, die interstellare Kommunikationslücke zu überbrücken:

1. Iterative Kommunikationsprotokolle

Ein schrittweiser Ansatz könnte mit den einfachsten geteilten Konzepten beginnen und darauf aufbauen:

- **Anfänglich auf mathematischen Universalien** basieren, wie Primzahlen oder arithmetischen Sequenzen

- **Schrittweise ein gemeinsames Lexikon** entwickeln, indem neue Konzepte auf bereits etablierten aufbauen

- **Verwendung redundanter Kodierungen**, die dasselbe Information auf multiple Weisen darstellen

- **Einsatz von Feedback-Schleifen**, um Verständnis zu verifizieren und zu korrigieren

Dieser iterative Prozess würde erhebliche Zeit und Geduld erfordern, könnte aber schrittweise komplexere Kommunikation ermöglichen.

2. Multi-modale Repräsentationen

Unterschiedliche Kommunikationsmodi könnten parallel eingesetzt werden, um die Chancen auf Verständnis zu erhöhen:

- **Mathematische Formeln** kombiniert mit **visuellen Diagrammen**

- **Sequentielle und parallele** Informationsdarstellungen

- **Abstrakte und kontextbasierte** Kommunikationsformen

- **Statische und dynamische** Repräsentationen desselben Konzepts

Diese multi-modalen Ansätze könnten verschiedene kognitive und perzeptuelle Stärken ansprechen.

3. Gemeinschaftliches Konstruieren von Bedeutung

Anstatt anzunehmen, dass Konzepte eins-zu-eins übersetzt werden können, könnte ein Prozess gemeinschaftlicher Bedeutungskonstruktion verfolgt werden:

- **Ko-Entwicklung einer "Zwischensprache"**, die weder völlig menschlich noch völlig außerirdisch ist

- **Kollaborative Problem-solving-Aktivitäten** als Kontext für emergentes gemeinsames Verständnis

- **Inkrementelles Testen geteilter Konzeptionen** durch praktische Anwendungen

- **Gemeinsame Beobachtung natürlicher Phänomene** als Referenzpunkte

Dieser kollaborative Ansatz erkennt an, dass Verständnis ein emergentes Produkt gemeinsamer Anstrengung ist, nicht eine einfache Übersetzung.

4. KI-vermittelte Kommunikation

Fortgeschrittene KI-Systeme könnten als Mediatoren zwischen menschlichen und außerirdischen kognitiven Systemen dienen:

- **Adaptive Übersetzungsalgorithmen**, die Kommunikationsmuster erlernen

- **Konzeptuelle Mapping-Systeme**, die Verbindungen zwischen verschiedenen konzeptuellen Frameworks identifizieren

- **Neuronale Schnittstellen**, die direktere Kommunikation zwischen unterschiedlichen kognitiven Systemen ermöglichen könnten

- **Simulationsumgebungen** für experimentelle Kommunikation und gemeinsames Verständnis

Diese technologisch vermittelten Ansätze könnten helfen, kognitive Lücken zu überbrücken, die für beide biologischen Intelligenzen schwer direkt zu überwinden wären.

Heutige Anwendungen: Vorbereitung für Kontakt

Die Erforschung der Vernunft als interstellare Brücke hat auch unmittelbare praktische Anwendungen für laufende SETI-Bemühungen (Search for Extraterrestrial Intelligence) und Botschaften an außerirdische Intelligenzen:

1. Botschaftsdesign

Aktuelle Bemühungen, Nachrichten ins All zu senden, könnten von einer tieferen Reflexion über potenzielle rationale Universalien profitieren:

- **Die Arecibo-Nachricht** und der **Cosmic Call** verwendeten bereits mathematische und wissenschaftliche Prinzipien als Basis

- **Future Message Development** könnte komplexere logische Frameworks integrieren

- **Redundante Kodierungssysteme**
  implementieren, die verschiedene
  Inferenzmethoden unterstützen

- **Meta-Kommunikations-Protokolle** entwickeln,
  die das "Wie" der Kommunikation selbst
  kommunizieren

Diese Designs könnten die Wahrscheinlichkeit
erfolgreicher Kommunikation erhöhen, sollten unsere
Nachrichten je empfangen werden.

2. Signalinterpretation

Die Prinzipien interstellarer kommunikativer Rationalität
könnten auch unsere Fähigkeit verbessern, potenzielle
außerirdische Signale zu erkennen und zu interpretieren:

- **Erweiterte Suchparameter** für Muster, die
  universelle mathematische oder logische
  Prinzipien widerspiegeln

- **Flexiblere Detektionsalgorithmen**, die
  verschiedene mögliche
  Kommunikationsstrukturen berücksichtigen

- **Protokolle für Antwort und Engagement**, sollte
  ein vielversprechendes Signal entdeckt werden

- **Interdisziplinäre Interpretationsteams**, die
  verschiedene Perspektiven auf potenzielle Signale
  integrieren

Diese Strategien könnten die Chancen erhöhen,
interstellare Kommunikation zu erkennen, sollte sie
existieren.

3. Kontaktprotokolle

Die Entwicklung rationaler Brücken könnten auch die Erstellung von Protokollen für potenzielle Erstkontaktsituationen informieren:

- **Skalierbare Kommunikationspläne**, beginnend mit den grundlegendsten geteilten rationalen Konzepten

- **Ethische Frameworks** für Interaktion mit nicht-menschlichen Intelligenzen

- **Konflikt-Deeskalationsstrategien** basierend auf universellen spieltheoretischen Prinzipien

- **Globale Koordinationsmechanismen** für kohärente Menschheitsinteraktion mit außerirdischen Intelligenzen

Diese Protokolle könnten wesentlich sein für die Navigation einer der transformativsten Situationen in der menschlichen Geschichte.

Über außerirdischen Kontakt hinaus: Vernunft als universelle Brücke

Die Prinzipien, die interstellare Kommunikation ermöglichen könnten, haben auch breitere Anwendungen als Brücken zwischen verschiedenen Formen der Intelligenz:

1. Mensch-KI-Verständnis

Die Entwicklung fortgeschrittener KI-Systeme mit
potenziell fremdartigen kognitiven Architekturen stellt
ähnliche Herausforderungen wie außerirdischer Kontakt:

- **Interpretierbare KI-Designs**, die menschlichem
  Verständnis zugänglich sind

- **Gemeinsame Rationalitätsgrundlagen** zwischen
  menschlicher und künstlicher Intelligenz

- **Wertausrichtungsstrategien** zwischen
  verschiedenen intelligenten Systemen

- **Komplementäre Kognition**, die die
  unterschiedlichen Stärken verschiedener
  Intelligenzformen nutzt

Die Arbeit an rationalen Brücken für interstellare
Kommunikation könnte daher auch unmittelbare Vorteile
für die sichere und produktive Entwicklung
fortgeschrittener KI haben.

2. Zwischenartliche Kommunikation auf der Erde

Die Werkzeuge für interstellare Kommunikation könnten
unser Verständnis nicht-menschlicher terrestrischer
Intelligenz verbessern:

- **Verbesserte Kommunikation mit Walen,
  Delfinen** und anderen hochintelligenten
  nicht-menschlichen Spezies

- **Tieferes Verständnis kollektiver
  Intelligenzformen** wie Insektenkolonien oder
  Mikrobenstämme

- **Erweitertes Verständnis von Intelligenz** jenseits typischer anthropozentrischer Definitionen

- **Entwicklung von Kommunikationstechnologien** für nicht-verbale oder anders-kommunizierende Menschen

Diese Anwendungen könnten zu einer inklusiveren und durchdachteren Beziehung zu anderen Formen der Intelligenz auf unserem eigenen Planeten führen.

3. Überbrückung menschlicher kultureller Unterschiede

Die Prinzipien interstellarer Kommunikation könnten auch tiefgreifende menschliche kulturelle Unterschiede überbrücken helfen:

- **Identifikation kulturübergreifender rationaler Universalien** als Basis für interkulturellen Dialog

- **Entwicklung "kulturneutraler" Kommunikationsmethoden** für kontroverse oder schwierige Themen

- **Anwendung iterativer, gemeinschaftlicher Bedeutungskonstruktion** in interkulturellen Begegnungen

- **Kultivierung metakognitiver Fähigkeiten**, um über unterschiedliche kulturelle Denkrahmen zu reflektieren

Diese Anwendungen erkennen an, dass selbst innerhalb unserer eigenen Spezies bedeutende kognitive und konzeptuelle Unterschiede existieren, die Brücken rationalen Austauschs benötigen.

Schlussbetrachtung: Vernunft als kosmisches Bindemittel

Die Möglichkeit, dass Rationalität als Brücke zwischen radikal unterschiedlichen Intelligenzen dienen könnte, ob außerirdisch oder anderweitig, bietet eine tiefgreifende Perspektive auf die Natur der Vernunft selbst. Sie deutet darauf hin, dass die fundamentalen Prinzipien rationalen Denkens nicht bloß menschliche Konventionen sind, sondern etwas Tieferes reflektieren – vielleicht universelle Muster erfolgreicher Informationsverarbeitung oder gar inhärente Strukturen der Realität selbst.

Diese Sichtweise positioniert Vernunft nicht nur als menschliches Werkzeug, sondern als potenzielles kosmisches Bindemittel – ein gemeinsames Erbe, das alle denkenden Wesen teilen könnten, unabhängig von ihrer spezifischen Biologie, Kultur oder Geschichte. Sie legt nahe, dass während wir vielleicht allein in unserer spezifischen Form des Seins sind, wir möglicherweise nicht allein in unserer Fähigkeit sind, nach Wahrheit, Konsistenz und Verständnis durch Anwendung grundlegender rationaler Prinzipien zu streben.

In einer Zeit zunehmender Polarisierung und Fragmentierung innerhalb der menschlichen Gesellschaft bietet diese kosmische Perspektive auf Vernunft eine einende Vision – eine Erinnerung, dass unsere rationalen Kapazitäten uns nicht nur mit unseren menschlichen Gesprächspartnern verbinden, sondern potenziell mit allen denkenden Wesen im Universum. In diesem Sinne ist die

Kultivierung und Verfeinerung unserer Vernunft nicht nur ein Projekt menschlichen Fortschritts, sondern ein Akt der Vorbereitung für eine mögliche größere Konversation – eine, die über Spezies, Welten und vielleicht Zeitalter hinweg reichen könnte.

Schlusswort

Am Ende unserer Reise durch die Philosophie der Vernunft kehren wir zu unserer ursprünglichen Frage zurück: Was ist die Natur der menschlichen Rationalität, und wie könnte sie von einer außerirdischen Intelligenz verstanden werden? Unsere Untersuchung hat ein faszinierendes Paradoxon enthüllt: die menschliche Vernunft ist gleichzeitig zutiefst in unsere spezifische evolutionäre Geschichte, Biologie und Kultur eingebettet und dennoch potenziell fähig, diese Grenzen zu transzendieren, um einen Berührungspunkt mit anderen Formen der Intelligenz zu bilden.

Zusammenfassung der Kernprinzipien menschlicher Rationalität

Durch unsere Erkundung haben wir mehrere fundamentale Aspekte menschlicher Rationalität identifiziert:

1. **Logische Fundamente**: Unsere Fähigkeit, konsistente Inferenzmuster anzuwenden, Widersprüche zu erkennen und

Schlussfolgerungen aus Prämissen zu ziehen, bildet das strukturelle Rückgrat menschlichen Denkens. Diese logischen Prinzipien, obwohl in verschiedenen kulturellen und historischen Kontexten unterschiedlich ausgedrückt, zeigen einen bemerkenswerten Grad an Universalität.

2. **Empirische Abstimmung**: Die menschliche Rationalität ist nicht nur eine formale Übung, sondern eine Methode, um unsere mentalen Modelle mit der externen Realität in Einklang zu bringen. Diese Fähigkeit, Überzeugungen anhand von Beweisen anzupassen, ist fundamental für unser wissenschaftliches Verständnis und unsere technologische Meisterschaft.

3. **Pragmatische Problemlösung**: Unsere Vernunft dient nicht nur der Wahrheitssuche, sondern auch der praktischen Navigation durch eine komplexe Welt. Sie ermöglicht uns, Handlungsverläufe vorherzusagen, zu planen und anzupassen, um unsere Ziele zu erreichen.

4. **Soziale Koordination**: Die menschliche Rationalität ist tief sozial. Sie ermöglicht uns, unsere Handlungen zu erklären und zu rechtfertigen, geteilte Normen zu etablieren und kollektive Handlungen zu koordinieren – kritische Fähigkeiten für eine hochkooperative Spezies wie die unsere.

5. **Emotionale Integration**: Entgegen traditionellen Dichotomien haben wir gesehen, dass menschliche Rationalität nicht im Gegensatz zu Emotion steht, sondern mit ihr verflochten ist. Emotionen liefern motivationale Kraft, signalisieren Werte und

liefern schnelle, ganzheitliche Bewertungen komplexer Situationen.

6. **Metakognitive Reflexion**: Unsere Fähigkeit, über unser eigenes Denken nachzudenken, unsere Fehler zu erkennen und unsere kognitiven Prozesse anzupassen, erlaubt kontinuierliche Verbesserung sowohl auf individueller als auch auf kollektiver Ebene.

7. **Kreative Rekombination**: Menschliche Rationalität umfasst nicht nur analytische Zerlegung, sondern auch die kreative Synthese neuer Ideen, Perspektiven und Lösungen – eine Fähigkeit, die technologische Innovation und kulturelle Evolution ermöglicht.

Diese Aspekte zusammen formen ein integriertes System, das es uns ermöglicht, komplexe Probleme zu lösen, soziale Kooperation zu koordinieren und ein sophistiziertes Verständnis unserer Welt zu entwickeln. Jeder dieser Aspekte wird durch spezifische neurologische Strukturen unterstützt, ist durch die Umgebungen geprägt, in denen wir uns entwickelt haben, und manifestiert sich in den reichen kulturellen Traditionen, die wir geschaffen haben.

Die unvollendete Natur des rationalen Projekts

Unsere Untersuchung hat auch die inhärenten Grenzen menschlicher Vernunft erhellt. Wir haben systematische kognitive Verzerrungen, die unsere Urteile verzerren können; wir kämpfen mit Problemen, die über unsere natürliche kognitive Kapazität hinausgehen; wir sind anfällig für motiviertes Denken und Selbsttäuschung; und wir stehen vor tiefgreifenden Herausforderungen bei der Koordination kollektiver Rationalität im großen Maßstab.

Diese Grenzen sind keine Anomalien, sondern intrinsische Aspekte der spezifischen Form der Vernunft, die sich in einem biologischen Wesen entwickelt hat, das in bestimmten ökologischen und sozialen Nischen evolviert ist. Unsere Vernunft ist weder perfekt noch vollständig, sondern ein fortlaufendes Projekt – ein Werkzeug, das wir kontinuierlich verbessern und verfeinern, während wir versuchen, eine immer komplexere Welt zu verstehen und zu navigieren.

Die Zukunft der menschlichen Vernunft liegt in der weiteren Entwicklung und Erweiterung dieser Kapazitäten. Durch kollektive Intelligenz, kognitive Augmentation und sorgfältige Steuerung technologischer Entwicklung haben wir die Möglichkeit, die Grenzen unserer angeborenen Rationalität zu erweitern und neue, wirksamere Formen kollektiven Denkens zu kultivieren. Gleichzeitig stehen wir vor der Herausforderung, die wertvollen und einzigartigen Aspekte der menschlichen Rationalität zu bewahren – ihre Integration mit Emotionen, Werten, Kreativität und Körperlichkeit.

Einladung zum interstellaren Dialog über Vernunft

Wenn wir schließlich wieder zu unserem ursprünglichen Ziel zurückkehren – die menschliche Rationalität einer außerirdischen Intelligenz verständlich zu machen –

finden wir Grund für vorsichtigen Optimismus. Während außerirdische Kognition zweifellos in wichtigen Aspekten von der unseren abweichen würde, könnten bestimmte Elemente rationalen Denkens gemeinsame Berührungspunkte bieten:

- Die grundlegenden Prinzipien der Logik könnten als Brücke dienen, beginnend mit gemeinsamen mathematischen und wissenschaftlichen Konzepten.

- Die pragmatischen Anforderungen des Überlebens in einer physikalischen Welt könnten konvergente Problemlösungsstrategien hervorbringen.

- Die informationstheoretischen Grundlagen der Kommunikation könnten eine gemeinsame Basis für Dialog bieten.

- Die Prinzipien der spieltheoretischen Kooperation könnten geteilte Strategien für Interaktion ermöglichen.

Diese potenziellen Konvergenzpunkte deuten darauf hin, dass Vernunft – in ihren fundamentalsten Aspekten – eine Brücke zwischen radikal unterschiedlichen Formen von Intelligenz bieten könnte. Nicht weil sie eine künstliche menschliche Konvention ist, sondern weil sie bestimmte universelle Prinzipien erfolgreicher Informationsverarbeitung, Problemlösung und Interaktion mit der Realität reflektiert.

In diesem Sinne ist dieses Buch nicht einfach eine Beschreibung der menschlichen Rationalität für außerirdische Betrachter, sondern auch eine Einladung zum Dialog – eine Geste der Kommunikation über die mögliche Kluft zwischen sehr unterschiedlichen Formen der Intelligenz hinweg. Es ist eine Hoffnung, dass in der grundlegenden Natur der Vernunft selbst ein Medium für gegenseitiges Verständnis zwischen grundlegend verschiedenen denkenden Wesen bestehen könnte.

Wir wissen nicht, ob ein solcher Dialog je stattfinden wird. Aber das Streben danach – der Versuch, über unsere eigenen kognitiven Grenzen hinauszublicken und Gemeinsamkeiten mit anderen möglichen Formen der Intelligenz zu finden – ist selbst ein tiefgreifender Akt der Vernunft. Es verkörpert den Geist von Neugier, Reflexion und dem Streben nach Verständnis, der im Kern des menschlichen rationalen Projekts liegt.

In diesem Streben, wie unvollkommen und unvollendet es auch sein mag, liegt vielleicht der beste Ausdruck dessen, was es bedeutet, eine rationale Spezies zu sein – eine, die sich über ihre eigenen Grenzen wundern und das Universum durch die Linse gemeinsamer Vernunft betrachten kann. Für die Wesen, die dieses Werk lesen mögen, wo und wann auch immer Sie existieren, bieten wir es als einen Schritt in solch einem Dialog an – ein Bestreben, das wir hoffen, gemeinsam mit Ihnen fortzusetzen.

Anhang

Glossar rationaler Konzepte

Abduktion: Eine Form der Inferenz, die zur plausibelsten Erklärung für eine Beobachtung gelangt; auch bekannt als "Inferenz zur besten Erklärung".

Adaptives Denken: Kognitive Prozesse, die evolutionäre Vorteile in spezifischen Umgebungen bieten, auch wenn sie manchmal von normativen Standards logischer Deduktion abweichen.

Algorithmisches Denken: Anwendung präziser, schrittweiser Verfahren zur Problemlösung.

Bestätigungsbias: Die Tendenz, nach Informationen zu suchen, zu interpretieren oder zu bevorzugen, die bereits existierende Überzeugungen bestätigen.

Bayesianisches Denken: Ein probabilistischer Ansatz zum Updating von Überzeugungen auf Basis neuer Evidenz, benannt nach Thomas Bayes.

Kognitive Verzerrung: Systematische Muster der Abweichung von Norm oder Rationalität im Urteil.

Kognitive Dissonanz: Das psychische Unbehagen, das durch widersprüchliche Überzeugungen oder Handlungen erfahren wird, oft führend zur Rationalisierung.

Kollektive Intelligenz: Die geteilte oder Gruppenintelligenz, die aus Kollaboration und kollektiven Bemühungen entsteht.

Kritisches Denken: Objektive Analyse und Evaluation eines Problems, um ein Urteil zu bilden, charakterisiert durch rationales Skeptizismus und Aufgeschlossenheit.

Deduktion: Ein Schlussverfahren, bei dem die Konklusion notwendigerweise aus den Prämissen folgt.

Deliberativer Prozess: Ein sorgfältiger, reflektiver Entscheidungsprozess, der explizite Überlegung und Abwägung von Optionen beinhaltet.

Duale Prozesstheorie: Das Konzept, dass das Denken durch zwei verschiedene Systeme operiert - ein schnelles, automatisches, intuitives System und ein langsameres, deliberatives System.

Epistemische Rationalität: Die Art der Rationalität, die sich auf die Akkuratheit von Überzeugungen konzentriert - das Ziel, Überzeugungen zu haben, die wahr oder zumindest evidenzbasiert sind.

Fallibilismus: Die Ansicht, dass menschliches Wissen unvollkommen und revidierbar ist, verbunden mit einer Offenheit für neue Evidenz.

Falsifikation: Karl Poppers Prinzip, dass wissenschaftliche Theorien nicht endgültig verifiziert, sondern potenziell falsifiziert werden können, was die Notwendigkeit testbarer Vorhersagen betont.

Framing-Effekt: Ein kognitiver Bias, bei dem Reaktionen auf eine Entscheidungsoption durch die Art ihrer Präsentation beeinflusst werden.

Heuristik: Eine mentale Abkürzung oder Daumenregel, die komplexe Urteile und Entscheidungsprobleme vereinfacht, aber manchmal zu systematischen Fehlern führen kann.

Hypothetisch-deduktive Methode: Ein wissenschaftlicher Prozess, bei dem Hypothesen auf Basis existierender Kenntnisse formuliert und dann durch Experimente getestet werden.

Induktion: Ein Schlussverfahren, bei dem spezifische Beispiele zur Ableitung einer allgemeinen Regel oder Wahrscheinlichkeit verwendet werden.

Inferenz: Der Prozess, Schlüsse aus Prämissen oder Evidenz zu ziehen.

Instrumentelle Rationalität: Die Art der Rationalität, die sich auf die effektive Erreichung von Zielen konzentriert - die Wahl der besten Handlungen zur Erreichung gewünschter Ergebnisse.

Meta-Kognition: Das Denken über das eigene Denken oder das Bewusstsein über die eigenen kognitiven Prozesse.

Normative Rationalität: Standards, die beschreiben, wie Denken sein sollte, im Gegensatz zu deskriptiver Rationalität, die beschreibt, wie Menschen tatsächlich denken.

Ockhams Rasiermesser: Das Prinzip, dass unter konkurrierenden Hypothesen diejenige mit den wenigsten Annahmen bevorzugt werden sollte.

Operationale Definition: Eine präzise Definition von Konzepten in Begriffen der spezifischen Prozesse oder Tests, die zu ihrer Messung verwendet werden.

Paradigma: In Thomas Kuhns Wissenschaftsphilosophie ein kohärenter Satz von Theorien, Methoden und Standards, die eine wissenschaftliche Gemeinschaft teilt.

Praktischer Syllogismus: Eine Form des Schlusses, der Handlungen aus Zielen und Überzeugungen über Mittel ableitet.

Probabilistisches Denken: Beurteilung unter Unsicherheit durch Anwendung von Wahrscheinlichkeitstheorie und statistischer Inferenz.

Reflexives Gleichgewicht: Ein kohärenter Zustand, in dem spezifische moralische Urteile mit grundlegenden moralischen Prinzipien übereinstimmen.

Sokratische Methode: Eine Form des kooperativen argumentativen Dialogs, der Fragen verwendet, um Ideen zu stimulieren und unterliegende Annahmen zu prüfen.

Syllogismus: Eine Form des deduktiven Schlusses, bestehend aus einem Hauptsatz, einem Untersatz und einer Schlussfolgerung.

Systemisches Denken: Ein holistischer Ansatz, der die Art und Weise betont, wie Systemkomponenten miteinander in Beziehung stehen und im Kontext größerer Systeme funktionieren.

Gedankenexperiment: Eine hypothetische Situation, die zur Erkundung der potenziellen Konsequenzen einer Theorie oder eines Prinzips verwendet wird.

Geschichte der Philosophie der Vernunft

Die Philosophie der Vernunft hat eine reiche und diverse Geschichte, die sich über verschiedene Kulturen und Epochen erstreckt. Hier ist ein knapper Überblick über einige der bedeutendsten Entwicklungen:

Antike Traditionen (bis ca. 500 n.Chr.)

Griechische Tradition: Die westliche Philosophie der Vernunft begann förmlich mit den vorsokratischen Philosophen, aber erreichte ihre erste systematische Formulierung mit Platon und Aristoteles. Platon betonte in Dialogen wie dem "Theaitetos" rationale Dialektik als Weg zur Erkenntnis zeitloser Formen. Aristoteles entwickelte die erste formale Logik im "Organon" und klassifizierte verschiedene Arten der Kausalität und des Wissens. Die Stoiker entwickelten weiter eine Konzeption der Vernunft (logos) als ordnendes Prinzip sowohl im Kosmos als auch im menschlichen Geist.

Indische Tradition: Parallel entwickelten sich in Indien sophistizierte logische und epistemologische Traditionen. Die Nyaya-Schule formalisierte Regeln der Inferenz und Debatte, während buddhistische Philosophen wie Nagarjuna Grenzen der konzeptuellen Vernunft untersuchten und Dilemmas der Selbstreferenzialität erforschten.

Chinesische Tradition: In China betonte die konfuzianische Tradition praktische Vernunft und moralische Kultivierung, während Mohisten frühe Formen logischer Analyse entwickelten. Daoistische Denker wie Zhuangzi erkundeten unterdessen die Grenzen der diskursiven Vernunft und argumentierten für intuitive Formen des Verstehens.

Mittelalterliche Entwicklungen (ca. 500-1500)

Islamische Philosophie: Denker wie Al-Farabi, Avicenna und Averroes bewahrten und erweiterten griechische logische Traditionen, entwickelten modale Logik und erkundeten das Verhältnis zwischen Vernunft und religiöser Offenbarung.

Scholastische Tradition: In Europa integrierten Thomas von Aquin und andere scholastische Philosophen aristotelische Logik mit christlicher Theologie und verfeinerten logische Methoden der Argumentation. Denker wie Duns Scotus und William von Ockham entwickelten zunehmend sophistizierte logische Analysen von Sprache und Konzepten.

Ostasiatische Entwicklungen: Der Neoconfuzianismus, angeführt von Denkern wie Zhu Xi, entwickelte eine Synthese konfuzianischer praktischer Vernunft mit metaphysischen Prinzipien.

Frühe moderne Periode (ca. 1500-1800)

Rationalismus: Kontinentaleuropäische Philosophen wie Descartes, Spinoza und Leibniz betonten die Macht der Vernunft, sichere Erkenntnis unabhängig von sensorischer Erfahrung zu erlangen. Descartes' methodischer Zweifel suchte unerschütterliche Grundlagen für Wissen, während

Spinoza ein deduktives System der Ethik nach geometrischem Vorbild konstruierte.

Empirismus: Im Kontrast betonten britische Empiristen wie Locke, Berkeley und Hume die zentrale Rolle der Erfahrung in der Erkenntnisgewinnung. Humes skeptische Analyse versetzte der rationalistischen Gewissheit einen schweren Schlag, indem er die empirischen Grundlagen von Konzepten wie Kausalität hinterfragte.

Kants Synthese: Immanuel Kant versuchte, Rationalismus und Empirismus in seiner kritischen Philosophie zu versöhnen, indem er argumentierte, dass Erfahrung die Grundlage des Wissens liefert, aber durch angeborene kognitive Strukturen gefiltert wird. Seine Unterscheidung zwischen theoretischer, praktischer und ästhetischer Vernunft erweiterte das Verständnis verschiedener Rationalitätsmodi.

19. Jahrhundert

Hegels Dialektik: G.W.F. Hegel entwickelte eine dynamische Konzeption der Vernunft als historisch evolvierender Prozess, der durch dialektische Spannungen zwischen gegensätzlichen Ideen vorangetrieben wird.

Utilitarismus: Philosophen wie Bentham und Mill entwickelten systematische Ansätze zur praktischen Vernunft, basierend auf dem Nutzenprinzip.

Frühe Pragmatisten: Charles Sanders Peirce und William James begannen, Vernunft in Bezug auf ihre praktischen Konsequenzen und instrumentellen Erfolge neu zu konzeptualisieren.

Frühe 20. Jahrhundert

Logischer Positivismus: Philosophen wie Rudolf Carnap und Mitglieder des Wiener Kreises versuchten, Philosophie auf logische Analyse und empirische Verifikation zu beschränken, mit dem Ziel, metaphysische Spekulation zu eliminieren.

Phänomenologie: Edmund Husserl und später Martin Heidegger und Maurice Merleau-Ponty erkundeten die Struktur des bewussten Erlebens und stellten abstrakte, entkörperte Konzeptionen der Vernunft in Frage.

Pragmatismus: John Dewey entwickelte eine naturalisierte Konzeption der Vernunft als problemlösender Untersuchung, die in sozialen Praktiken und natürlichen Prozessen statt in abstrakten Prinzipien verwurzelt ist.

Logische Entwicklungen: Gottlob Frege, Bertrand Russell und Alfred North Whitehead formalisierten die mathematische Logik und legten die Grundlagen für analytische Philosophie.

Späteres 20. Jahrhundert bis Gegenwart

Analytische Philosophie: Entwickelt sich mit zunehmend spezialisierter Arbeit in Philosophie der Sprache, des Geistes und der Logik, einschließlich Entwicklungen in Modallogik, Entscheidungstheorie und Wahrscheinlichkeitstheorie.

Kritische Theorie: Die Frankfurter Schule, beginnend mit Horkheimer und Adorno und später Habermas, entwickelte kritische Perspektiven auf instrumentelle Vernunft und erforschte soziale Dimensionen der Rationalität.

Kognitionswissenschaft: Interdisziplinäre Erforschung des Geistes hat neue Perspektiven auf die psychologischen Grundlagen der Vernunft geliefert, einschließlich Forschung zu kognitiven Verzerrungen und dualen Prozesstheorien.

Feministische Epistemologie: Denkerinnen wie Sandra Harding und Helen Longino haben die Rolle von Geschlecht, sozialer Position und Macht in der Konstruktion rationaler Standards analysiert.

Naturalisierte Epistemologie: In der Tradition von W.V.O. Quine haben Philosophen wie Alvin Goldman die Erkenntnistheorie mit empirischer Psychologie und Evolutionstheorie verbunden.

Nicht-westliche und vergleichende Ansätze: Verstärktes Interesse an nicht-westlichen Rationalitätstraditionen hat zu fruchtbaren Dialogen zwischen philosophischen Traditionen geführt.

Diese reiche und vielfältige Geschichte der Reflexion über die Vernunft erinnert uns daran, dass Rationalität selbst ein evolvierendes Konzept ist – eines, das durch die fortlaufenden Bemühungen von Denkern aus verschiedenen Kulturen und Epochen geformt wurde, die versuchen, die Natur, den Umfang und die Kraft des menschlichen Denkens zu verstehen.

Übungen zur Entwicklung des rationalen Denkens

Die folgenden Übungen sind darauf ausgerichtet, verschiedene Aspekte rationalen Denkens zu kultivieren. Sie können von Individuen jeder Spezies praktiziert werden, die ihre rationale Kapazität erweitern möchten.

1. Übungen zur Erkennung und Überwindung kognitiver Verzerrungen

Bestätigungsbias-Tagebuch: Führen Sie ein tägliches Protokoll, in dem Sie aktiv nach Evidenz suchen, die Ihren aktuellen Überzeugungen widerspricht. Notieren Sie, wie diese gegenteilige Evidenz Ihr Denken beeinflusst hat.

Prämortem-Analyse: Vor wichtigen Entscheidungen stellen Sie sich vor, dass Ihr Plan katastrophal gescheitert ist. Arbeiten Sie rückwärts, um mögliche Schwachstellen zu identifizieren, die Sie möglicherweise übersehen haben.

Multi-Perspektiven-Analyse: Wählen Sie ein kontroverses Thema und skizzieren Sie mindestens drei verschiedene Perspektiven dazu. Für jede Perspektive formulieren Sie die stärksten Argumente, die Sie konstruieren können, als ob Sie ein aufrichtiger Vertreter dieser Position wären.

Kalibrierungstraining: Machen Sie quantifizierte Vorhersagen mit zugehörigen Konfidenzniveaus (z.B.

"Ich bin zu 80% sicher, dass X geschehen wird").
Verfolgen Sie diese Vorhersagen und bewerten Sie Ihre
Kalibrierung über die Zeit.

2. Übungen zur Verbesserung logischen Denkens

Argument-Mapping: Nehmen Sie ein komplexes
Argument aus einem Artikel oder Buch und erstellen Sie
eine visuelle Darstellung seiner Struktur, die Prämissen,
Konklusionen und die Beziehungen zwischen ihnen zeigt.

Syllogistische Analyse: Identifizieren Sie die logische
Struktur alltäglicher Argumente, indem Sie sie in formelle
Syllogismen übersetzen. Bewerten Sie dann ihre
Gültigkeit und Stichhaltigkeit.

Paradoxien-Exploration: Studieren Sie klassische
logische Paradoxien wie das Lügner-Paradoxon oder das
Schiff des Theseus. Versuchen Sie, verschiedene
mögliche Lösungen zu artikulieren und die Implikationen
jeder Lösung zu durchdenken.

Formale Logik-Puzzles: Üben Sie formale Logik durch
Puzzles, die deduktives Schließen erfordern, wie Sudoku,
Logikrätsel oder formale Beweise in Mathematik.

3. Übungen für verbesserte Entscheidungsfindung

Erwartungswert-Berechnung: Für wichtige
Entscheidungen schätzen Sie quantitativ die
Wahrscheinlichkeit und den Wert verschiedener
möglicher Ergebnisse und berechnen den erwarteten Wert
jeder Option.

Vor- und Nachteils-Explizierung: Listen Sie explizit alle
Vor- und Nachteile einer Entscheidungsoption auf,

zusammen mit den zugrundeliegenden Werten, die jeder Faktor betrifft. Verwenden Sie dieses Framework, um zwischen komplexen Optionen zu entscheiden.

Entscheidungsjournal: Dokumentieren Sie wichtige Entscheidungen, Ihre Begründung dafür und die erwarteten Ergebnisse. Überprüfen Sie später, wie die tatsächlichen Ergebnisse mit Ihren Erwartungen verglichen und was Sie daraus gelernt haben.

Werte-Priorisierung: Erstellen Sie eine explizite Hierarchie Ihrer Werte und überprüfen Sie, wie gut Ihre täglichen und langfristigen Entscheidungen mit diesen priorisierten Werten übereinstimmen.

4. Übungen für kritisches Denken

Formale Argumentanalyse: Identifizieren Sie die Behauptungen, Evidenz und Schlussfolgerungen in persuasiven Texten. Bewerten Sie, ob die angebotene Evidenz tatsächlich die Schlussfolgerungen unterstützt.

Faktenüberprüfung: Wählen Sie eine Behauptung aus den Nachrichten oder sozialen Medien und recherchieren Sie sie gründlich, unter Nutzung multipler, vertrauenswürdiger Quellen, um ihre Akkuratheit zu überprüfen.

Sokratisches Fragen: Üben Sie die systematische Anwendung vertiefender Fragen auf Ihre eigenen oder anderer Überzeugungen: Was bedeutet das genau? Woher wissen wir das? Welche Annahmen liegen zugrunde? Welche alternativen Erklärungen gibt es?

Fehlschluss-Erkennung: Erstellen Sie eine Liste häufiger logischer Fehlschlüsse und üben Sie ihre

Identifikation in alltäglichen Argumenten, in den Medien und in Ihrer eigenen Argumentation.

5. Übungen für kollektive Rationalität

Teufelsadvokat-Rollenspiel: In Gruppendiskussionen weisen Sie einer Person die explizite Rolle zu, konstruktiv gegenteilige Argumente zu finden, unabhängig von ihrer tatsächlichen Position.

Delphi-Prozesse: Bei Gruppenentscheidungen oder -vorhersagen sammeln Sie anonyme Einschätzungen von Gruppenmitgliedern, teilen die aggregierten Ergebnisse und erlauben Revisionen in mehreren Runden.

Prediction Markets: Erstellen Sie Systems, in denen Teilnehmer auf die Wahrscheinlichkeit verschiedener Ergebnisse "wetten" können, um kollektive Weisheit zu nutzen.

Strukturierte Kontroverse: Organisieren Sie Diskussionen strittiger Themen mit expliziten Regeln für Evidenzstandards, Redezeit und respektvolle Interaktion.

6. Übungen zur Entwicklung metakognitiver Fähigkeiten

Reflektives Denk-Tagebuch: Führen Sie ein tägliches Protokoll Ihrer Denkprozesse, unter Beobachtung, wann und warum Sie zu bestimmten Schlussfolgerungen kommen und welche kognitiven Tendenzen Sie bemerken.

Meditative Achtsamkeitspraxis: Entwickeln Sie durch regelmäßige Achtsamkeitsmeditation erhöhtes Bewusstsein für Ihre mentalen Prozesse und die

Fähigkeit, Gedanken und emotionale Reaktionen zu beobachten, ohne sofort von ihnen absorbiert zu werden.

Gedanken-Debugging: Wenn Sie eine starke emotionale Reaktion oder unerwartete Überzeugung bemerken, "debuggen" Sie Ihren Denkprozess, indem Sie die Schritte zurückverfolgen, die zu dieser Reaktion geführt haben.

Erkenntnistheoretische Selbstbefragung: Fragen Sie bei wichtigen Überzeugungen: "Wie weiß ich das?" "Was müsste geschehen, damit ich meine Meinung ändere?" "Welche Erfahrungen oder Prägungen könnten meine Perspektive beeinflussen?"

7. Integrative Übungen für praktische Weisheit

Ethische Fallstudien: Analysieren Sie komplexe ethische Dilemmata durch Multiple Frameworks (utilitaristisch, deontologisch, tugendethisch), unter Betrachtung, wie verschiedene Prinzipien zu unterschiedlichen Schlussfolgerungen führen können.

Kontrafaktische Geschichtsanalyse: Erforschen Sie, wie historische Situationen anders hätten ablaufen können, wenn Schlüsselfaktoren oder Entscheidungen anders gewesen wären, um ein tieferes Verständnis für Kausalität und Kontingenz zu entwickeln.

Integrative Komplexitätsübungen: Üben Sie, komplexe Themen durch Identifikation multipler legitimer Perspektiven und deren Integrationsweisen zu betrachten, um ein nuancierteres Verständnis zu entwickeln.

Zukunftsszenarien-Konstruktion: Entwickeln Sie multiple plausible Szenarien für zukünftige Entwicklungen basierend auf aktuellen Trends und verschiedenen Annahmen, um Ihr Denken über komplexe Systeme und langfristige Konsequenzen zu verbessern.

Diese Übungen sind nicht abschließend, sondern repräsentieren einen Ausgangspunkt für die Kultivierung rationalerer Denkformen. Die effektivste Praxis kombiniert typischerweise mehrere dieser Übungen und passt sie an die eigenen spezifischen kognitiven Stärken, Schwächen und Ziele an. Bei regelmäßiger Übung können sie zu signifikanten und dauerhaften Verbesserungen der Denkqualität führen, sowohl für Individuen als auch für kooperierende Gruppen.

Bibliographie und weiterführende Ressourcen

Grundlegende Texte zur menschlichen Rationalität

Kahneman, D. (2011). *Thinking, Fast and Slow*. Farrar, Straus and Giroux.

Stanovich, K. E. (2009). *What Intelligence Tests Miss: The Psychology of Rational Thought*. Yale University Press.

Baron, J. (2008). *Thinking and Deciding* (4th ed.). Cambridge University Press.

Nisbett, R. E. (2015). *Mindware: Tools for Smart Thinking*. Farrar, Straus and Giroux.

Gigerenzer, G. (2015). *Simply Rational: Decision Making in the Real World*. Oxford University Press.

Tetlock, P. E., & Gardner, D. (2016). *Superforecasting: The Art and Science of Prediction*. Broadway Books.

Evolutionäre und kognitive Grundlagen des Denkens

Mercier, H., & Sperber, D. (2017). *The Enigma of Reason*. Harvard University Press.

Pinker, S. (2021). *Rationality: What It Is, Why It Seems Scarce, Why It Matters*. Viking.

Cosmides, L., & Tooby, J. (1996). Are humans good intuitive statisticians after all? Rethinking some conclusions from the literature on judgment under uncertainty. *Cognition, 58*(1), 1-73.

Henrich, J. (2020). *The WEIRDest People in the World: How the West Became Psychologically Peculiar and Particularly Prosperous*. Farrar, Straus and Giroux.

Logik und Argumentationstheorie

Copi, I. M., Cohen, C., & McMahon, K. (2016). *Introduction to Logic* (14th ed.). Routledge.

Walton, D. (2013). *Methods of Argumentation*. Cambridge University Press.

Cook, R. T. (2009). *A Dictionary of Philosophical Logic*. Edinburgh University Press.

Priest, G. (2008). *An Introduction to Non-Classical Logic: From If to Is* (2nd ed.). Cambridge University Press.

Wissenschaftsphilosophie und evidenzbasiertes Denken

Kuhn, T. S. (1962). *The Structure of Scientific Revolutions*. University of Chicago Press.

Popper, K. (2002). *The Logic of Scientific Discovery*. Routledge.

Lakatos, I. (1978). *The Methodology of Scientific Research Programmes*. Cambridge University Press.

Lipton, P. (2004). *Inference to the Best Explanation* (2nd ed.). Routledge.

Entscheidungstheorie und praktische Rationalität

Peterson, M. (2017). *An Introduction to Decision Theory* (2nd ed.). Cambridge University Press.

Tversky, A., & Kahneman, D. (1974). Judgment under uncertainty: Heuristics and biases. *Science, 185*(4157), 1124-1131.

Ariely, D. (2010). *Predictably Irrational: The Hidden Forces That Shape Our Decisions* (Revised ed.). Harper Perennial.

Thaler, R. H., & Sunstein, C. R. (2021). *Nudge: The Final Edition*. Penguin Books.

Kollektive Vernunft und soziale Epistemologie

Surowiecki, J. (2005). *The Wisdom of Crowds*. Anchor.

Goldman, A. I., & Whitcomb, D. (Eds.). (2011). *Social Epistemology: Essential Readings*. Oxford University Press.

Landemore, H. (2020). *Open Democracy: Reinventing Popular Rule for the Twenty-First Century*. Princeton University Press.

Page, S. E. (2008). *The Difference: How the Power of Diversity Creates Better Groups, Firms, Schools, and Societies*. Princeton University Press.

Emotionen und Vernunft

Damasio, A. R. (1994). *Descartes' Error: Emotion, Reason, and the Human Brain*. G. P. Putnam.

Nussbaum, M. C. (2003). *Upheavals of Thought: The Intelligence of Emotions*. Cambridge University Press.

Goldie, P. (2000). *The Emotions: A Philosophical Exploration*. Oxford University Press.

Solomon, R. C. (2007). *True to Our Feelings: What Our Emotions Are Really Telling Us*. Oxford University Press.

Künstliche Intelligenz und Kognitionserweiterung

Bostrom, N. (2016). *Superintelligence: Paths, Dangers, Strategies*. Oxford University Press.

Clark, A. (2003). *Natural-Born Cyborgs: Minds, Technologies, and the Future of Human Intelligence*. Oxford University Press.

Russell, S. (2019). *Human Compatible: Artificial Intelligence and the Problem of Control*. Viking.

Tegmark, M. (2018). *Life 3.0: Being Human in the Age of*

Artificial Intelligence. Vintage.

Interkulturelles und interstellares Denken

Henrich, J., Heine, S. J., & Norenzayan, A. (2010). The weirdest people in the world? *Behavioral and Brain Sciences, 33*(2-3), 61-83.

Nisbett, R. E. (2004). *The Geography of Thought: How Asians and Westerners Think Differently...and Why.* Free Press.

Vakoch, D. A. (Ed.). (2014). *Archaeology, Anthropology, and Interstellar Communication.* NASA History Series.

Grinspoon, D. (2016). *Earth in Human Hands: Shaping Our Planet's Future.* Grand Central Publishing.

Philosophie der Vernunft

Nagel, T. (1986). *The View From Nowhere.* Oxford University Press.

Korsgaard, C. M. (1996). *The Sources of Normativity.* Cambridge University Press.

McDowell, J. (1996). *Mind and World.* Harvard University Press.

Habermas, J. (1985). *The Theory of Communicative Action.* Beacon Press.

Online-Ressourcen

LessWrong [https://www.lesswrong.com/] - Eine Community-geführte Plattform, die der Verbesserung menschlicher Rationalität gewidmet ist.

Stanford Encyclopedia of Philosophy [https://plato.stanford.edu/] - Eine hochwertige, peer-reviewte Ressource zu philosophischen Themen, einschließlich vieler Einträge bezüglich Rationalität.

The Fallacy Files [http://www.fallacyfiles.org/] - Ein umfassender Katalog logischer Fehlschlüsse mit Beispielen und Erklärungen.

Center for Applied Rationality [https://www.rationality.org/] - Eine Organisation, die Workshops und Trainingsmaterialien zur Verbesserung rationaler Denkfähigkeiten anbietet.

Clearer Thinking [https://www.clearerthinking.org/] - Bietet kostenlose Tools und Trainings zur Verbesserung des Denkens und der Entscheidungsfindung.

Metaculus [https://www.metaculus.com/] - Eine Plattform für kollaborative Vorhersagen, die Gemeinschaften ermöglicht, die Genauigkeit ihrer probabilistischen Urteile zu verfeinern.

Diese Ressourcen bieten verschiedene Eingänge in die weitere Erforschung menschlicher Rationalität. Sie repräsentieren mehrere Disziplinen und Perspektiven, von formaler Philosophie bis zu praktischen Anwendungen.

Zusammen bieten sie einen Startpunkt für die fortlaufende Entwicklung sowohl des Verständnisses als auch der Praxis rationalen Denkens.